新撰組顚末記

永倉新八
解説　木村幸比古

角川新書

浪士組上洛

新撰組結成

池田屋襲撃

禁門の変

高台寺党粛清

鳥羽伏見の激戦

近藤勇の最期

会津転戦

新撰組資料

本書に収録されている史料の中には、毛唐、非人、部落、特殊部落など、今日の人権擁護の見地に照らして差別的な語句（及び表現）がありますが、時代的背景を正しく伝えるために当時使われていた言葉をそのまま掲載しております。

新撰組顚末記

はじめに　新選組二番隊組長が語り残した紙碑

新選組四天王といえば、近藤勇《こんどういさみ》・土方歳三《ひじかたとしぞう》・沖田総司《おきたそうじ》、そして永倉《ながくら》（本姓・長倉）新八《しんぱち》といわれている。かなりの剣の遣い手といわれるこの四人のなかでも、幾多の戦いを経験し、死線を乗り越えた永倉は、知略・機略に長けた剣客であったといえるだろう。

永倉は、天保十年（一八三九）、松前（福山）藩江戸定府奏者役兼祐筆の永倉勘次の次男（長男は夭折）に生まれる。神道無念流《しんとうむねんりゅう》・心形刀流《しんぎょうとうりゅう》の名だたる剣客に学び、天然理心流《てんねんりしんりゅう》の近藤の業前《わざまえ》に惚れこみ、試衛館《しえいかん》道場の食客となった。道場の生え抜き門弟ではなかったが、土方・沖田らと剣の腕をみがき、仲間からは飄々とした性格が好まれた。

近藤と試衛館門弟たちは、日頃の剣を活かしたいと、幕府浪士組に応募し上洛を決めたという。その後、紆余曲折の末、近藤・芹沢鴨《せりざわかも》らは京都に残留し、永倉は新選組の改編後に副長助勤、二番隊組長の幹部となった。近藤派・芹沢派の軋轢の中では中立を貫いた。また剣客として名を馳せ、池田屋事件では負傷しながらも武功をあげている。

新選組の中心的存在であり続けた永倉は、つねに実戦に意欲を燃やし、鳥羽伏見の戦いでも先陣をきって斬り込み、近藤の甲陽鎮撫隊《こうようちんぶたい》にも加わった。しかし、甲陽鎮撫隊は甲州勝沼で敗れ、江戸で近藤・土方に作戦への不満をもらした永倉は激論の末に袂を分かってしまう。その後は芳賀宜道隊長率いる靖兵《せいへい》（靖共）隊の副長となって奥羽各地を転戦し、会津で援軍を求めたが成功せず、隊から離脱し江戸に戻った。

時代が明治に移り、旧松前藩医の婿養子に入った永倉は、杉村義衛《すぎむらよしえ》と名乗った。しかし、時代が変わり名を改めても、永倉は青春時代の新選組が忘れられず、その顕彰運動に奔走した。その後、北海道樺戸集治監で得意の剣術師範となった。

新選組の数少ない生き残り、永倉新八と島田魁《しまだかい》は新選組を賊軍扱いのまま終わらせまいと奔走した。永倉の自筆の『浪士文久報国記事《ろうしぶんきゅうほうこくきじ》』と永倉が語り残した『新撰組顛末記《しんせんぐみてんまつき》』、島田魁の『島田魁日記』はまさに新選組の紙碑である。

ここで、新選組の一次史料について眺めてみよう。

『新撰組顛末記』の原典は『小樽新聞』に連載された「新撰組永倉新八」で、大正二年（一九一三）三月から六月にかけて、永倉の回顧談として七十回にわたり連載された。いささか講談風にまとめられたのは、担当記者の社会部長・加藤眠柳《かとうみんりゅう》と吉島力が、読者を意識した表現にしたからであった。新選組の唯一の証言者からの直接取材ということで説得力があり、読者は興味津々、何より永倉本人も毎回連載を読むのを楽しみにしていたという。現代の我々には少々読みにくい箇所もあるが、時代の空気を感じながら、楽しんでいただきたい。

永倉は明治四十四年（一九一一）十二月十一日、七十三歳のとき池田屋事件の戦闘記「七ヶ所手負場所顕ス」をまとめており、『新撰組顚末記』にいたるまで、新選組の歴史を残す試みをしていた。永倉は新選組史編纂にふれ「じつはよほど以前に、当時の事柄を追うて日誌にしたものをもっていたが、あるときそれを横浜にいる某講談師に見せたところ、これはじつにえがたいものである、一生の願いであるから、暫時借覧させてくれとのたっての懇望に、かならず返してもらうことにかたく約して貸してやったところ、そのごいかに催促をしても返してくれない。かれこれするまに、本人の居所も不明になり、はてはその生死さえもわからなくなった」と語っていた。その日誌とは、新選組研究家たちのあいだで「幻の史料」といわれてきた『浪士文久報国記事』のことであった。永倉はこの日誌を手にすることなく、大正四年正月五日、北海道小樽で病没した。行年七十七だった。

昭和二年（一九二七）六月二十七日、永倉の長男・義太郎は父の十三回忌記念として「小樽新聞」の連載を『新撰組永倉新八』にまとめて三百冊を刊行し、近親者に配布した。この復刻版が昭和四十六年に新人物往来社から刊行された。その後も類似本が数冊刊行されている。

『浪士文久報国記事』は、その後も行方不明であったが、その一部とおもわれる文献が散見されていた。ところが平成十年（一九九八）正月、古美術商の多田《ただ》敏捷《としかつ》氏が『浪士文久報国記事』を入手され、筆者に永倉の真筆か否か鑑定を求められた。かつて霊山《りょうぜん》歴史館《れきしかん》の新選組展で永倉の史料を展示したことがあったので調査したところ、一部を除き永倉の真筆と判明した。

『浪士文久報国記事』は三冊本の毛筆書きであった。永倉はこれを著すにつき、おそらく同志を訪ね、史跡をめぐり記憶を呼び戻したものと思われる。この『浪士文久報国記事』をまとめたがゆえに、のちに『新撰組顛末記』となる新聞連載が可能になった。

三冊の内容は新聞連載の内容とほぼ同じであった。

①『浪士文久報国記事』　松村蔵書印　長倉所有

文久三年五月から文久三年十一月まで罫紙二十九枚（裏打した和紙四枚に文久三年二月の事項）

②『浪士文久報国記事』　長倉姓
元治元年六月六日から慶応三年十二月七日まで罫紙二十五枚
③『徳川家御撰之兵　浪士文久報国記事』　長倉所有
慶応三年十一月から明治二年五月十一日まで罫紙二十五枚（内六枚は別人の筆跡）

一冊目の「松村蔵書」の蔵書印の見返しには「巌」の添え書きがある。松村とは土佐の維新研究家・松村巌のことである。松村は新選組研究に没頭し、この文献を引用して明治三十六年に『近藤勇』（内外出版協会）を出版した。郷土研究誌『土佐史談』にも健筆を揮い、「史傳　新撰組長芹澤鴨」（七十一号）の論文で『浪士文久報国記事』を入手した経緯にふれている。

「長倉は土方、沖田等と並べ称されて、新撰組の幹部である。明治中生存して杉村義衛と革《あらた》めた。前の（徳川）慶喜《よしのぶ》公の侍医松本良順《りょうじゅん》の門に出入した。徳川実紀に奥医師松本良順、法眼仰付けられたること見ゆ。良順は複名を修めて単名順と曰ひ、陸軍軍医総督と為て居た。余は故ありて、其庶子松本棟一郎と懇意にて、其紹介に依り、長倉と懇《ねんごろ》になり多く新撰組の事を聞て、浪士文久報国記事三冊を貰受けた。故に新撰組の事を知て居る」とある。

松本良順は近藤や沖田の治療をした関係で、土方とも懇意だった。良順の次男の棟一郎との人脈で永倉を紹介されて『浪士文久報国記事』を貰い受けたという。そのいきさつの真偽はわからないが、永倉の存命中に『近藤勇』を刊行したところをみて、松村の話が真実であろう。

『浪士文久報国記事』はいつ頃、永倉が日記にまとめたのだろうか。私見だが、永倉が本姓の「長倉」を使い、三冊目の一部分には永倉以外の人物の筆跡があることから、明治九年に、永倉の尽力で「近藤・土方両雄の碑」を東京・板橋に建てた後の記念出版を考えたのではないだろうか。

巻末には「此一戦記大苦戦中日記致タル事ニアラス、事件終テ時々之覚ヲ繰出シタレハ実説咄シニテ有之故作本トハ事ナリ戦場日記ト知ルヘシ也」とあり、志半ばで命を落した隊士へのレクイエム（鎮魂歌）とした実歴談であるという。タイトルの「徳川家御撰之兵」は幕臣としての最後の兵士である気概をあらわしているといえよう。筆者は、この史料を霊山歴史館春季特別展「慶喜をめぐる人びと」（平成十年四〜五月）で初公開し、その十月に『新選組戦場日記―永倉新八「浪士文久報国記事」を読む』（PHP研究所）として出版した。

新選組の原史料が少ない中で『浪士文久報国記事』が正史とするならば『新撰組顚末記』

は裏面史といえる。これらを読み比べると、また違った新選組の姿が浮び上がってくる。前者はどちらかというと公文書的であり、後者は私的な要素が強い。新選組の真実はどこにあるのか、筆者は公文書と裏面史の中間にあるのではないかと考えている。ただ『新撰組顛末記』には、どこか体育会系の楽しさと男の美学が感じられる。だからこそ、最晩年の永倉は新選組の真実を後世に残そうとしたのではないだろうか。

いわゆる歴史史料では味わえない、まるで永倉本人と語り合っているかのような「ライブ感」を、本書を通してお楽しみいただきたい。

浪士組上洛——

むかしは近藤勇の友達、いまは小樽に楽隠居

年のころなら七十四か五、胸までたれた白髯《はくぜん》が際立って眼につき、広き額、やや下がった細い眼尻に小皺《こじわ》をよせ、人の顔を仰ぐように見ては口のあたりに微笑をたたえてすこしせき込み口調に唇を開く。見たところ圭角《けいかく》もなにも寄る年波とともに消されたかと思う隠居姿の杉村義衛翁《すぎむらよしえおう》、雪深い小樽の片ほとりに余命を空蟬《うつせみ》のように送っているが、さてどこやらに凛《りん》としたきかぬ気がほの見えて枯木のようなその両腕の節くれだった太さ、さすがに当年永倉《ながくら》新八《しんぱち》といって幕末史のページに花を咲かせた面影が偲ばれる。

永倉新八とは誰あろう、文久元治《ぶんきゅうげんじ》の当年、薩長勤王の士にたいし幕府方から京都守護の名のもとに浪人で組織された新徴組《しんちょうぐみ》、つづいて新撰組《しんせんぐみ》に近藤勇、土方歳三等とともにその人ありと知られた幕末の剣客の名。さしも当時京坂に驍名《ぎょうめい》をはせた獰猛児《どうもうじ》、頑健黒鉄《がんけんくろがね》造りとみえた身も、老いては壮年時代の面影も薄れいく。

指をおればはや五十年のむかし、近藤勇幕下の新撰組が京の巡邏《じゅんら》をうけたまわっていた当時、尊王攘夷の激論をかって幕府の忌諱《きい》にふれた長、土、肥の志士が京都を策源地として

むかしは近藤勇の友達、いまは小樽に楽隠居

晩年の永倉新八翁（杉村悦郎氏蔵）

秘密の往来をかさね、元治元年六月六日の夜これらの志士数十人が鴨川べりの一旅亭池田亭に集まり、某日を期して火を禁裏《きんり》に放ち、その騒擾に乗じて聖上の長州御動座をあおぎ、かねて敵視している会津薩摩の肝《きも》をくじき、攘夷の本懐をとげようとする陰謀、このことはやくも新撰組の耳にはいり、謀議のその夜、近藤勇、義子近藤周平、沖田総司、永倉新八、藤堂平助等ただの五人で踏みこみ、蛮名天下にふるう近藤勇が一代の健闘悪戦と伝えらるる池田屋襲撃となったとき、壮年の永倉新八が腕におぼえの大刀をふるって必死の志士をその場に四人まで斬りたおし、身には微傷を負うたばかりとはいまも記録にのこる。

この活劇は明治維新を二年ほど遅れさせ同時に幕府の余脈をそれだけ延べたと称されたが、これと同時に新撰組の名へ裏書を加えることとなり、短袴《みじかばかま》高下駄《たかげた》の隊員が肩で風を切って通ると泣く子も声をおさめたというありさま、永倉の名はこれから近藤、土方等とともにいや高く鬼神のようにおそれはばかられるにいたった。

時勢はようやく徳川幕府の非をしめし、伏見鳥羽の一戦から官軍の江戸包囲となり、函(箱)館の砲戦おさまるまで勇名高かった新撰組が、あるときは解散となり、脱走となり、隊長斬首と息をつがせぬ破滅のうちに、永倉新八はその後どこにどんな活劇の跡をのこしたか、幕末史にないこれらの秘史は、これから時の永倉新八、のちの杉村義衛《すぎむらよしえ》のなが物語となって展開するのである。

十八歳には本目録、剣道の修業に脱藩

徳川栄華の夢なおこまやかに白馬に銀鞍をおき伊達小袖に細身の鞘、世をあげて太平をうたう天保十年四月十一日、江戸は下谷《したや》三味線堀なる福山藩主松前伊豆守屋敷の長屋で、のちの杉村義衛こと、永倉新八は雄々しき呱々《ここ》の声をあげた。

父は永倉勘次ととなえ代々福山藩の江戸定府《じょうふ》取次役として仕えた百五十石の家柄、ただひとりの男の子をもうけた夫婦は掌中の珠といつくしんだ。幼名を栄治と名づけ昨日の蝶は今日の花とかわり、這えば立て立てば歩めと父と母とが夜の目もあわさず育てあげ、ようやく長ずるとともに読《よ》み書《か》きの術《すべ》もかれこれとえらびあたえたが、蛇は寸にして気を呑んでとかく荒っぽいことをこのみ、たまには親の眼にさえあまることがしばしばあった。

もとより武家に育った身の世は太平でこそあれ腰の大小伊達にはささぬ、腕白に長じた栄治は八歳ではやくも父に迫って剣術修業にこころざした。父はそのころ江戸に聞こえた真刀《しんとう》(神道)無念《むねん》流の達人岡田十松を師範にさだめ、愛児の武運永久に幸あれと祈った。

「栄治、そなたも武士の家に生まれたことであれば文武の二道にこころざす以上あっぱれ身を鍛えて家名をあげるようにいたせ」と慈愛のうちにも修業の心得を説き聞かせる。幼年ながら後年剣客として名をのこしたほどの栄治は、父のこのときの教訓を身にしみていそしみ、霜のあした、月のゆうべを壮年の荒武者にたちまじわってはげむほどに一年は一年と技が優れてくる。他人の一倍に太刀筋のよかったせいもあろう、十五歳には切紙《きりかみ》を許され、十八歳には本目録《ほんもくろく》を授けられ、数ある門弟中には屈指の腕達者となった。

師匠の岡田もあう人ごとに「永倉は拙者の高弟でござる」と鼻をうごめかしたという。十年の努力はかくて効果をあらわしてきた。義衛の栄治は十八歳で元服し名を新八とあらため前髪をおろして成人した。

当時松前藩では武術奨励として家中《かちゅう》の二男三男はかならず相当な塾につかわして修業せしめる習慣であったが、長男だけは家督相続で外へはださなかった。しかし野心満々たる新八はもとより小成《しょうせい》にやすんずることができぬ。昨日まで足駄を踏み鳴らし肩をならべて道場へ通った友達がぞくぞくと塾入りするを見て何条じっとしていられよう、十九歳の春ついに思いきって両親にも告げず藩邸を脱出してしまった。さりながら、もとよりなんらのお咎めを蒙ったしだいでもなく、剣道修業に熱心のあまり江戸府内の道場に住みこんだというだけのことなので、藩でも掟とはいいながら殊勝の段によってお構いなしとあり、あえて新八を追求しなかったから、血気のこの若武者は、師匠の岡田からかねて噂を聞いていた本所亀沢町に道場を開く百合本昇三《ゆりもとしょうぞう》という岡田とは同流の塾にはいることとなった。

しかしすでに本目録まで受けた身とて、師範代りとまではいかなくも新門人を揉んでやるとか、出稽古先を廻ってみるなど、きわめて気楽な生活のうちに自分はせっせと腕を練るにつとめた。

腕だめしの武者修行、佐野宿の道場荒らし

藩邸を脱《ぬ》けて本所亀沢町の百合本塾へ住みこんだ新八は、文久元年から元治元年まであしかけ四年道場の塵にまみれた。そして剣道はことごとく上達した。

さあそうなると自分の腕はどれだけ使えるものかためしたいので、二十五歳の春、同門の松前藩浪人市川宇八郎を語らい、隣国へ武者修行をこころみた。市川は身長六尺あまり腕力が強くて剣術のほか柔道も相応におさめ、相撲などとろうものなら数ある同門衆もひとりとしてかなわぬ。血気さかんな両人は天下の英雄は君と我のみと豪語し、のんき千万な旅の日

を送った。そしてだんだんと日数をかさねて、ある日下野《しもつけ》の佐野宿《さのじゅく》へたどり着いた。

ここは堀田摂津守の陣屋のあるところ、宿場でこそあれ「さよう、しからば」の武士の折目正しく商売もなかなかの繁昌、剣客では秋山要助というが道場を開いており、堀田の家臣でもかなりに使えるのがいる。しかるに堀田の家臣で大沢大助という、流儀はわからないがとにかく家中あまたの人々へ剣術を授けている男、永倉、市川の両人が江戸から来たと聞いて手合わせを申し込んできた。こっちはもとより望むところで委細承諾すると翌朝そうそう四人の門人がたずねてきた。両人はかわるがわる竹刀《しない》をふるって立ち会い大沢の門人を苦もなく叩き伏せた。

ほうほうのていで大沢の門人が帰っていく姿を見たのは、そのころ関東八州の博徒仲間に幅をきかしていた猿屋の親分、俠気《おとこぎ》で売り出した身のとかく堀田の家中と反《そ》りの合わないところから、これはおもしろいとまず永倉、市川の両人へていねいに渡りをつけて面識をもとめ、いろいろ饗応してから、

「両先生、けさ大沢の門弟四人まで打ちのめしたお手際はなかなか見上げたもんでしたね、どうでげす、こんどはこっちから大沢の道場へでかけて打合いをなすっては」と焚きつける。

「アッハッハ、それもおもしろい、ドレでかけてみようかのう」と、両人はむぞうさに宿を

でた。

大沢の道場ではいまや門弟たちが稽古のまっさいちゅう、両人はたかをくって他流試合を申し込むと、やがて道場へ通された。門人はけさ四名まで叩き倒してあるからいやおうなしに大沢みずから竹刀をさげて立ちいでて、まず永倉からとうながした。両人は会釈して立ち上がるや、大沢は上段に振りかぶり永倉は青眼《せいがん》に構える。

「エイ」「ヤッ」と呼吸がはいるとみると、大沢の竹刀は眼にもとまらず石火と閃《ひら》めいて永倉の竹刀を払い「お流儀でござる」と言いざま横面をピシーリと打つ。尋常ならば眼でも眩《くら》むべきを、さすがは永倉、とっさのあいだに相手の竹刀が峰打ちであったのを看破し「お平《ひら》でござろう」と問い返すと、大沢は会釈して「これまで」とひっこんだ。

武者窓から猿屋の乾児《こぶん》どもは「ワーッ」と冷笑の声をあげる。つづく市川にたいしては剣術は面倒なり組打ちでこいとひき組む。市川はもとより平気、柔道の奥の手をあらわして大沢を手玉にとった。大沢の道場はイヤもうさんざんなていたらく、よろこんだのは猿屋の連中で凱旋将軍でも迎えるような騒ぎで両人を招待してその夜を明かした。

江戸幕末の俠勇者近藤勇と交を結ぶ

隣国へ武者修行にでてさんざん暴れ廻った永倉と市川は、その年の八月、ぶらりと江戸へ舞いもどった。永倉はあいかわらず本所の百合本塾に道場を開いている御書院組《ごしょいんぐみ》の坪内主馬《つぼうちしゅめ》という北辰一刀流の先生に見込まれて師範代りに招かれた。

坪内というのは当時随一の名があった伊庭軍平《いばぐんぺい》の門人で、牛込《うしごめ》方面では五本の指にかぞえられ門弟はすこぶる多かった。永倉はきがるな性質《たち》とて朝から晩まで荒武者を相手に道場をにぎわし、ときには稽古道具をひっかついで出稽古もやる。ひまひまには道場めぐりをやって有名な先生たちにはかならず手合わせを申し込んだ。こうしているうちに永倉はゆくりなくも江戸幕末の俠骨近藤勇と知合いになった。

これよりさき時勢はだんだん変わってきて米艦の浦賀来訪のことあり、ろうばいをきわめた徳川幕府は、はしなくも無能を曝露したので、天下の志士は攘夷討幕と雲霞《くもかすみ》のように活躍しはじめた。安政もすぎ万延から文久と年代が移れば人心なんとなく動揺し、いまにも騒動が起こりそうで万民その堵《と》にやすんずることができない。しかしさすがに三百有余年間連《れん》綿《めん》として基礎を築いてきた幕府の根城はよういに崩れぬ。一呼《いっこ》すれば譜代の大小名鉄騎をかって千代田城下に参ずべく、八万の旗本剣を按《あん》じてことあれかしと鷹の爪を磨く。江戸府内の浪士も風雲を望んで公儀御用とあればいつでも馳せ参ずる。これまで声をひそめていた京都は、ようやく薩、長、土、肥の志士が陰謀の策源地となって暗々裡に機運をうみ、はるかに江戸に対峙《たいじ》すれば民心おのずから二つに別れ、天下はここに二大集権の観をていするにいたった。

さるほどに江戸は小石川小日向柳町《こいしかわこびなたやなぎちょう》坂上に道場を開く近藤勇は、あまたある剣客のなかで押しも押されもせず、朝から五、六十人の門弟が出つ入りつ遠近《おちこち》に竹刀の音を絶たない。塾頭は沖田総司という人で後年に名をのこした剣道の達人、その他山南敬助《やまなみけいすけ》、土方歳三、原田左之助、藤堂平助、井上源三郎など鉄中のそうそうたる連中が豪傑面《づら》をならべてがんばり、武骨がすぎて殺気みなぎるばかり。永倉新八は最初ほんの剣術修行のつもりで近藤塾へ足を運んだが、日をへるとともに近藤の身辺からほとばしる義気が永倉のそれと合し、はては沖田、土方、山南その他の豪傑連とともにいつしか親密のまじわりを結ぶ仲となった。

永倉はこうして近藤の塾へくると門人あつかいからいまは客分にすえられ、稽古をしまうとかならず酒を飲み交わすをつねとし、

「おのおの、見ても癪《しゃく》にさわるのは鳶鼻《とんびばな》の毛唐人だが、おりをみて暗殺しようじゃないか」
などと激烈な攘夷論に話の花を咲かせる。

村一番のガキ大将、十五歳にて代稽古

永倉新八が近藤勇とあい識《し》るにいたったついでをもって勇が生い立ちを記してみたい。勇の父は宮川久次郎といって武州調布町字《あざ》石原の窪村《くぼむら》に、いわゆる将軍直轄の大百姓をもって誇ったひとりである。いったいこの多摩の地は豆州《ずしゅう》韮山《にらやま》の代官江川太郎左衛門の支配地であっただけに村民は鋤鍬《すきくわ》を手にしてこそおれ、一朝ことあるときは将軍家の御馬前に馳せ参じようという気風にみち、尚武《しょうぶ》の気象が助長されて剣術はむかしからすたれない。

久次郎はもと平凡な農家に生まれたが幼年のころから利発であった。読書も進んで、家業を手伝うようになってからはおおいに出精《しゅっせい》し、理財の道にもかしこく、村では屈指の身代《しんだい》を造りあげた。壮年になって近村からおえいという嫁を迎え家計がゆたかになるとともに剣術にこころざした。久次郎に三男一女あり、長男は高五郎、次男は久米次郎、三男は勝太といってのちの近藤勇、長女おりせと高五郎は夭死した。

勝太の生まれたのは天保五年十月九日で父久次郎がすでに分限者《ぶげんしゃ》になり村の口利《くちきき》として重んぜられた時代である。宅地内には道場があり寺子屋式の稽古所もあったから、勝太は幼いころから竹刀の音と読書の声になれ、すこし大きくなってはかわいい面小手《めんこて》をつけておもちゃの竹刀をもち武芸にしたしんだ。また父の久次郎は大の軍書ずきであったので、勝太は父の膝にだかれて秋の夜長の炉辺に唐土《もろこし》の韓信、張良、関羽、張飛から我朝《わがちょう》の九郎判官、楠正成、さては加藤清正などの武功談を聞くをたのしみとした。なかにも関羽の誠忠壮烈は勝太の子供心をひどく刺激し、「父さん、関羽はまだ生きているの」と聞くのをつねとした。

こうした少年の勝太はしだいに鋒鋩《ほうぼう》をあらわしてきて腕節も強く、五、六歳の年嵩《としかさ》の者と喧嘩しても泣かせる。村の子供らからおそれられるとともに、わがままが増長してついに村一番のガキ大将となった。

そのころ、父久次郎は自宅の道場へ、江戸牛込二十騎町に町道場を開いている天然理心流の達人近藤周助を月三回ずつよんで若い者に稽古をたのんだ。勝太も兄久米次郎と師の手ほどきを受けたが、すきな道とて熱心に稽古を励んだのでみるみる上達し、十五歳のときにははやくも師匠の代稽古をするほどの腕となった。ことに勝太は骨格が大きく眼が光り、十五歳の少年とはうけとれず、武術が精妙なので田舎剣客などは手の立つものがなかった。父久次郎は大まんぞくで、近村にまねかれていくときにはかならず勝太をつれていき、いたるところで仕合をやらせる。はては勝太自身もようやく自分の技倆をこころみんと近郷を廻り歩く。かくして近藤周助門下の麒麟児《きりんじ》勝太の名は近在にあまねく知れわたった。

知あり勇ある態度見込まれて養嗣子に

嘉永二年、勝太の勇が十六歳のときである。ある夜、数人の強盗が父久次郎の留守をねらって押し入った。兄久米次郎は日ごろの手並をしめすはこのときと一刀の鞘を払ってとび出そうとするのを勝太がさえぎって、

「賊ははいったばかりのときは気が立っているものでござろう。いまかかっては敗《ま》けぬまでも骨が折れる。彼らは立ち去るときになるとはやく逃げようの気がさきだち、心が留守になっているから、その虚に乗ずるこそ剣道の秘訣である」とささやいた。兄は弟のことばに、げにもと、はやる心をおさえてその機会を待った。賊どもはかたかげにこんなふたりの少年がうかがっているともしらず家人を縛ってめぼしいものをひとまとめにひきつつみ、ゆうゆうとして引き揚げようとする。時分はよしと勝太は兄とともに一刀をさげてとんで出て、

知あり勇ある態度見込まれて養嗣子に

「待てッ」と大喝《たいかつ》一声、さいごに立ったひとりの賊に斬りつけた。

不意の一撃に賊は胆をくじき、帰り戦わん勇気もなく、背にしたものを投げすてて一目散に逃げだすを兄弟は追いかけて二、三人に手を負わした。久米次郎はおもしろはんぶん、なおも追わんとするを勝太はひきとめ、

「窮鼠《きゅうそ》かえって猫を嚙むとはこのこと、いいかげんに追いすてて引き揚げるが上策でござる」といって、賊のすてたものをとりおさめて家に帰った。

このことが世間に伝わって大評判となり口をきわめて賞讃し、ことに勝太が知あり勇ある沈着な態度は師の近藤周助をことごとく感動せしめた。「わが近藤四代の嗣子《しし》として天然理心流を継がしむるもの勝太をおいて他にあるべからず」とここにあらためて父久次郎に懇請《こんせい》するところあったので、父も一時その愛子《まなこ》をよそへだすのはおしいとは思いつつも近藤のせつなる請いをいなみがたく、ついに承諾の意をあらわした。勝太はもとより望むところとよろこび、養子の話はとどこおりなく運ばれてその翌年、勝太十七歳にして近藤家の養嗣子《ようしし》となり元服して名も勇とあらためた。

近藤勇となってからは父周助から熱心なる教授をうけ、ついに免許皆伝の印可をうけた。道場はますます繁昌して勇はやくも二十五歳の壮年となったとき、武名は江戸府内にいや高

く、このころから土方歳三、沖田総司、永倉新八などの壮士とまじわりをかさねた。

ある日のことである。永倉の発起《ほっき》で徳川家御指南番たる本所の大道場男谷下総守《おたにしもうさのかみ》へ試合を申し込んだ。近藤の名は町道場でこそあれ技倆《ぎりょう》非凡と聞きおよんだ下総守は相当の礼をもって彼らを迎え、数十人の門弟がものものしく居流れて四人をさだめの席に招じた。

近藤は男谷の師範代たる本梅縫之助《ほんめぬいのすけ》と立ち合ったが、一呼吸して縫之助は、おうと一声まっこうから斬りおろすとみせて得意の竹刀払いをやった。ふいを打たれて勇の竹刀は空《くう》に飛ぶ。しかし胆気《たんき》に勝つ勇はとっさに二、三歩飛びさがり、双腕をいからし、かがみ腰に体を構えて寸分の隙を見せない。縫之助はこのとき、

「お手並見えてござる」と一礼してさがった。のちに下総守は「死中に活を求むるは剣の極意である。こんにち勇の振舞いはそれじゃ」と門人に教えた。このときには他の四人もまたそれぞれに腕をためして引き揚げた。

俊傑清川八郎のこと、攘夷論と永倉新八

かかるあいだに江戸府内に居住する浪士の面々、いずれも時勢の急なるを知り、ことあら

ばと腕を扼《やく》して機会を待っている。ここに羽藩《うはん》の俊傑清川（河）八郎というものがあった。

八郎はつとに勤王倒幕のこころざしをいだいて藩論をさだむるに尽力したが、反対派のある者と意見の衝突から決闘し、ついにこれを切りすてて藩を脱した。八郎はそれから京都にでて勤王の諸志士とまじわりをむすび東西に奔走する身となった。そのあいだ八郎は攘夷討幕の大義を明らかにするにはみずから犠牲となって義軍を挙げねばならぬという持論のもとに、公卿中山家の家臣田中河内介《たなかかわちのすけ》と密議をこらし、みずから九州にはいって真木和泉《まきいずみ》、平野次郎等を遊説し、さらに肥後、薩摩、長州、土佐の各藩有志を糾合《きゅうごう》し島津和泉を主将に推して兵を挙げようとした。

その準備としてまず幕府の障屏《しょうへい》たる酒井京都所司代、九条関白をのぞき討幕軍を起こそうとはかったことが発覚して有志はみな捕縛された。八郎はたくみに踪跡《そうせき》をくらまして水戸、仙台のあいだに潜伏し、第二の時節到来を待った。こんなありさまで八郎は縦横の機略を有し学識も相応にあったが、いちど失敗して跡を韜晦《とうかい》してからふたたび世にでるには、なにか道をつけねばならぬ、その手段に腐心したがついに一策を案じ、文久二年十一月、時の政事総裁として権威高き越前《えちぜん》侯松平春嶽《まつだいらしゅんがく》に『急務三策』なるものを建言した。

「一に攘夷、二に大赦、三に天下の英才を教育する」というのがこの三策である。しかるにこの建言が策に渇していた幕府の容《い》るるところとなって、春嶽侯を通じて八郎に志士人選の内命があった。八郎はもとより尊王倒幕の志士である。それだのに幕府の利益になるような建策をしたのははなはだ矛盾したように聞こえるも、ここが八郎の遠謀のあるところで、触刑《しょくけい》の日陰者たる自分が大赦《たいしゃ》にあって公然世にでたいのと、幕府に志士を募《つの》らしめてそれをわが用に供しようという一挙両得の計策にほかならぬのである。

幕府は八郎の真意を看破することができず、まず大赦令を発して志士にして刑にふれているものの罪をゆるし、同時に尽忠報国の名をかかげて、ひろく義勇の士を募った。このこと愛国の士をもってみずから任じ、居常《きょじょう》攘夷論を口にする永倉新八の耳にはいって、一日例のとおり近藤勇の塾で近藤をはじめ沖田総司、山南敬助、土方歳三、原田左之助、藤堂平助、井上源三郎等にむかって、

「おのおのがた、われらほのかに聞くに、このさい公儀においてひろく天下の志士を募り、攘夷の手段をつくすとのことである。もし事実であるならすすんでわれらも一味となり日ごろの鬱憤を晴らそうではござらぬか」と計った。列座は一も二もなくこれに雷同した。

浪士隊京都へ向かう、尽忠報国の士芹沢

永倉が主唱して攘夷党にくわわろうということに一決したので、近藤勇以下の壮士連は種々相談のうえ、兵を募っている松平上総介《まつだいらかずさのすけ》を訪ねてみて真相を聞こうというので、一日うち揃って牛込二合半坂なる上総介の邸へいった。

上総介は当時上下に信望のあつい器量人で浪人などからも一種の崇拝をもってむかえられていた。近藤、土方、永倉など七、八名のものが訪ねてきたと聞いてただちに客間へ通した。やがて上総介は尊王攘夷の本旨からこのたび公儀で募る浪士の一隊は、来春上洛すべき将軍家茂《いえもち》の警護として京都へすすめらるべきものであることまでじゅんじゅんとして説き聞かせる。もとより血気の一同はやくも肉を躍《おど》らし、そくざに一味にあい加わり忠勤をぬきんずるでござろうと誓った。上総介のまんぞくはひじょうなもので、一同をあつく饗応し再会を約して別れた。

事をこのんで血を沸かす面々はもう大よろこびで、寄るとさわると大言壮語に日を送る。その年も明けて文久三年二月八日、募りに応じた浪士の総集会が小石川伝通院内の学習院に

開かれた。当日集まるもの二百三十五名、近藤以下永倉らは待ちかねたほどの熱心で出席してみると、清川八郎がこれら浪士の巨魁《きょかい》であり、予期した松平上総介がきていない。ふしぎと思って山岡鉄太郎に聞くと、上総介殿は遠謀あって浪士取扱いを辞されたとある。集会の相談は要するに京都へ出発の打ち合わせでその心得などを聞かされて散会した。

その月十三日、いよいよ将軍家上洛に先立って浪士隊は中仙道を京都へのぼることとなった。なにぶんにもさわると火のでそうな気早《きばや》の浪士ばかりを集めたこととて幕府の役人も取締りに骨をおり、まず浪士掛りとして御老中の板倉周防守《いたくらすおうのかみ》をあげ、浪士取扱いに鵜殿鳩翁《うどのきゅうおう》、中条金之助、高橋伊勢守、御目付には杉浦正一郎、池田修理《いけだしゅり》、浪士取締りには山岡鉄太郎、窪田次郎右衛門、松岡万《よろず》、浪士取締り下役には佐々木只三郎、速見《はやみ》又四郎、高久《たかく》安次郎など、旗本や有名な剣客をもって監督することにした。

右のうち高橋伊勢守と山岡鉄太郎は義兄弟で、泥舟《でいしゅう》、鉄舟《てっしゅう》で有名な剣豪、下役の佐々木只三郎はのちに坂本竜馬を斬った男で小太刀の名人として当時独歩《どくほ》の称あったなど、この連中をとりあつかうに幕府でいかに苦心したかがうかがわれる。

秘謀をいだく清川八郎は二百三十余名の浪士を一番組から五番組まで五組に分け、しかるべき人物を見立てて組頭をさだめ江戸を発足することとした。

近藤勇は池田徳太郎とともに一行の宿割役をうけたまわって出発する。その夜は本庄宿に泊ることとなったが、一行が来着すると三番組の組頭たる芹沢鴨《せりざわかも》の宿がもれている。芹沢は一徹短慮の男で「平素尽忠報国の士芹沢鴨」と刻書した三百匁《もんめ》の大鉄扇を離さず、粗暴の挙動ある有名な壮士。さァ宿がないというので大立腹で、きゅうに三番組の隊員を集め野陣を張るといいわたし、「大かがり火をたくから驚くな」と宿中に触れだした。

本庄宿の大かがり、豪傑連のわがまま気まま

まもなく本庄宿の夜は天を焦がさんばかりの大かがり火に照らされ、ものすごいような光景となった。芹沢は怒気を含んで結束のまま床几に腰をかけ、にがりきっているところへ近藤と池田がとんできて、

「芹沢先生、まことにわれら両人の手落ちでお宿のもれたるだん平《ひら》にお詫びもうす。すぐさましかるべきところへ御案内もうすによって、かがり火だけはおとり消しにねがいたい」と申し込んだ。

そこへ宿役人がなんの理由あって大かがり火などをたくか、そうそうとり消せと威丈高《いたけだか》に

なって怒鳴る。それがまた芹沢のかんしゃくにさわってやにわに例の鉄扇を振りあげ宿役人を殴り飛ばした。役人はその場に卒倒したが芹沢は平気な顔して見向きもしない。とかくするあいだに近藤らは芹沢の宿をきめて案内するので行ってみると、三番組云々という札がたっている。芹沢はこれを見るとものをもいわずその札を削って一番組と書きなおして座敷へ通った。

この傍若無人の仕打ちに取締り方から、どういうしだいかと問い合わせると芹沢は、

「不肖ながら芹沢は公儀御役に仕えるについてはけっして人後に落ちず、かならず一番がかりを覚悟してござる。拙者をなにとぞ一番組の組頭にしていただきたい」といううんできかない。ついにむりやりに一番組の組頭になってしまった。これが上京途中最初のごたごたである。

こんなありさまで道中をすすめ加納宿にはいると山岡鉄太郎は芹沢を呼んで、自分は辞職のうえ江戸に帰ると言いだした。さすがに無法のかれもこれにはすくなからず驚いた。そして、

「これはまた意外の御心中、なにか拙者のわがままについてさようのことにいたさるるのか」と聞くと山岡は、

新選組の屯所となった旧前川邸の土間(田野十二雄氏提供)

「いかにもさようでござる」と答えた。

そこで芹沢は考えた。これはご勝手になどと山岡を江戸へかえすと没目の落度というのでかならず切腹してはてるにちがいない。国家多事のこんにち、山岡のような名士を失うは私事でないと気がついたので芹沢も閉口してしまい、

「それなら拙者は組頭をやめてなにごともうさず上洛するによって、なにとぞ貴殿の江戸帰還は思いとどまられたい」と山岡をなだめた。そこで三番組は近藤勇とともに加わった山南敬助が組頭となり、芹沢は鵜殿鳩翁の駕籠あとから遊軍という名でしたがった。

草津宿に着くと浪士のなかから目付役にえらばれた村上俊五郎というが、三番組の山南に向かい、

「貴公の組は乱暴をしてはなはだめいわくいたす。取り締まらっしゃい」と注意する。すると山南は「なにが乱暴だ。拙者をはずかしめんとて、さようのことをもうすのだな」と烈火のごとく怒りだした。こうしてまたまた一悶着が起こりそうなので鵜殿と山岡が「まァまァ」と仲裁し、「両人とも京都までなんにも言わずに行ってくれ」とおさえ、火の玉のような山南をば「京都へ着いて三日以内にかならず村上の処置をする」とすかし、道中をいそいでようやく事なく十日目というに入洛した。着するとともに一行を壬生村《みぶむら》の郷士八木源之

丞、南部亀次郎、前川荘治ならびに新徳寺の四箇所へ分宿せしめ、ひとまず組をといて道中の疲労を休めることとなった。

御所南門前に拝礼、浪士団から建白書

おそろしい権幕の浪士隊は京都へ着くと壬生村に分宿したが、前川荘治の邸宅《やしき》には鵜殿鳩翁、山岡鉄太郎、佐々木只三郎など幕府の役人がとまり、新徳寺には清川八郎、池田徳太郎、村上俊五郎、村上久之丞、清川の弟斎藤熊三郎等、八木源之丞の邸宅には芹沢鴨、山南敬助、井上源三郎、近藤勇、新見錦、土方歳三、沖田総司、永倉新八、藤堂平助、原田左之助、野口健司、平山五郎、平間重助の十三人がとまった。清川八郎と芹沢鴨以下が期せずして軒をことにしたのはなにかの暗示であったとはのちにぞ思いしられた。

その他の面々もそれぞれ落ち着く場所ができ、翌日は一同うち揃って御所南門前にいたり、よそながら拝礼をとげる。三日目になると道中で鵜殿と山岡のあずかっている村上俊五郎の処分となり、山岡みずから村上に大小刀をとらせて山南の前に連れ来り、

「さて山南氏、このたびの事件について村上はこのとおり謝罪《あやま》っているからさし許されたい

ものだが、いかがでござろう」とおれてでた。すると山南は、

「イヤ山岡氏がさようにもうされるなら、われらも了見いたすでござろう」と笑顔をみせたので一同からけねんされた事件もなにごともなく解決したのであった。

　文久三年二月二十八日秘謀をめぐらしてここまで漕ぎつけた勤王の志士清川八郎はついに江戸から上京した浪士一同の名で御所へ建白書をたてまつった。全文は左のごとくすなわち純然たる勤王倒幕の建白書であった。

　謹《つつ》しみて奉言上候《ごんじょうたてまつりそうろう》今般《こんぱん》私ども上京仕候《そうろう》儀は大樹公《たいじゅこう》において御上洛の上皇命を尊戴《そんたい》夷狄を攘附《じょうふ》するの大儀御雄断被為遊候《なしあそばされそうろう》御事《おんこと》に付草莽《そうもう》中これまで国事に周旋の族《やから》は申すに及ばず尽忠報国の志有之《これある》もの既往の忌諱《きい》に拘わらず広く天下に御募り其才力を御任用尊攘の道御主張被遊候《あそばされそうろう》御趣意には私共始め御召に相成その周旋可有之《これあるべく》との儀に候間《そうろうあいだ》夷変以来《いへんいらい》歳《とし》を重ね国事に付身命を抛《なげう》ち候者共の旨意《しい》も全く征夷大将軍の御職掌御主張相成り尊攘の道《みち》相達《あいたっ》すべしとの赤心に御座候え共右の如く言路洞開人才御任擢被為遊候《ごにんてきあそばされそうろう》は赤心報国の士是《これ》より相徹底すべくと存じ即《すなわ》ちその御召に応じ罷在候《まかりありそうろう》然る上は大将軍家も断然攘夷の大命御尊戴朝廷を輔《たす》くるは勿論の事万一因循《いんじゅん》姑息《こそく》皇武《こうぶ》離隔《りかく》の姿にも相成候えば私共幾重にも挽回の周旋仕るべく猶其上とも御取用無之《おとりもちいこれなく》ば是非に及ばず銘々靖献《せいけん》の心得に御座候その節は

寒微の私共誠に以て恐れ奉り候え共固より尽忠報国身命を抛って勤王仕り候心得に付何卒朝廷御憐垂《ごりんすい》成らせられ何方《いずかた》なりとも尊攘の赤心相遂げ候様御差向け被成下候《なしくだされそうら》わば難有仕合に存じ奉り候禄位等は更に相受不申《あいうけもうさず》只々尊攘の大義奉 相 期 候《あいきしたてまつりそうろう》間万一皇命を妨げ私意を企て候輩に於ては仮令《たとえ》有志の人たりとも聊《いささ》かも用捨《ようしゃ》なく真を建て一統仕るの決心に御座候此段威厳を顧みず上言仕候間御聞置き被成下徹底仕候様天地に誓って懇願奉り候　誠惶頓首再拝《せいこうとんしゅさいはい》

文久癸亥年二月十六日　謹白

板倉周防ににらまれ、清川刺客につけらる

雲きりをしなとの風に払はせて
たかまの原の月のきよけさ

これは清川八郎が浪士一同の名をもってたてまつった建白書がかしこくも孝明天皇の叡聞にたっし、浪士らに賜った御製である。

勤王倒幕の志士清川八郎はあっぱれ上洛の目的の一端をこの建白書によってたっしたのであるが、はからずもこの建白書が浪士掛りたる板倉周防守の眼にとまり、かれ清川八郎さてはよういならぬ陰謀を企ておったなと感づかれてしまった。看破されたが百年目、清川は周防守ににらまれるとともに、きのうは浪士隊の巨魁とゆるされた身がきょうは刺客につけられることとなった。

文久三年三月、将軍家茂《いえもち》は上洛して二条の城にはいった。これと前後して島津、毛利、山内の大藩から小藩の諸侯陸続《りくぞく》として入洛する。それに扈従《こじゅう》する諸藩の勇士浪士は京都に集まってゆく、雲のけはいなんとなく尋常でない。おりから咲きほこる桜は京の春をいろどりながら今年ばかりは殺風景、祇園の町に国訛《なま》りの吟声が甲《かん》走れば円山《まるやま》の花には禁物の長刀がのさばった。

かねてかくあるべしと江戸で募られた浪士の一隊、このときこそ将軍家警護の責《せめ》をつくさねばならぬと力んでいる。これよりさき文久二年、島津三郎久光が江戸からの帰途、武州鶴見河畔の生麦《なまむぎ》で行列をさえぎった英人二名を無礼打《ぶれいうち》したためいわゆる生麦事件が起こったので、幕府の外国奉行は英国の強硬な談判をもてあましていた。島津を引き渡すか、償金をだすか、それとも軍艦をさしむけようか、とのっぴきならぬおりから上洛中の家茂将軍の決裁をうるとて早馬が織るよう。これを聞いた清川八郎、時期こそきたれこの機会をもって江戸に帰って事を挙げようと計った。

　将軍不在の虚に乗ずるのが八郎の目算である。英国が無体の要求をやっているこんにち帰京の名目はいくらでもたつ。ついに壬生村の浪士一同に時を期して集会するように触れだした。すると芹沢鴨がそれを聞いて同宿の十二名をよび、

「おのおの、清川がこのたび江戸へ帰るともうすが、われら京の花を見にはまいりもうさぬ。尽忠報国攘夷の目的を貫徹せぬにこのまま東下するとはいかんのこと。拙者これには不同意でござる」

　みなまで言わせず一同も口をそろえて「もちろん江戸へ帰ることはふしょうちでござる」と清川説反対がたちどころに成立した。

　そこで十三名は清川八郎のもとへでかけていちおう江戸に帰る理由を聞くことにした。八郎は、

「お聞きおよびもござろうがこのたび例の生麦事件で英国は強硬な談判をはじめ、しだいによっては軍艦をさしむけるとまで脅迫いたしている。われらもとより夷狄《いてき》をはらう急先鋒にとぞんずるにより、まず横浜にまいって鎖国の実をあげ、攘夷の先駆をいたさんしょぞんで

ござる」と語ると芹沢はもってのほかという顔をして、

「これは清川氏のおことばともぞんぜぬ。われらうけたまわるに、いまだ天朝よりご沙汰なきのみか、将軍家にも東下がない。先駆とはもうせ、そのうえにてもけっしておそくはござるまい。それともしいて江戸へ発《た》たれるにおいては、われら同志十三名だけは京にのこりもうす」とキッパリことわった。

会津侯の内命くだり、浪士清川をねらう

芹沢鴨以下十三名の同志に江戸帰還を反対された清川八郎はいかり心頭に発し、「お勝手に召されい」とばかり、畳をけって席を立った。十三名はその足で鵜殿鳩翁をたずね委細を話すと鵜殿も芹沢らの意見にしごく同意し、「そのしだいは拙者から会津侯へ伝達するであろう」ということとなり、会津侯すなわち松平肥後守は「この十三名は当藩であずかる」と芹沢らをあずかることになった。そこで八木の邸宅の前へ「壬生村浪士屯所」と大きな看板をかかげ十三名はここに独立した。同時に清川八郎暗殺の内命は会津侯から芹沢以下に伝えられたのである。もちろん八郎が陰謀のしだいも判明したので血に渇えた十三名はしきりに

新徳寺をねらうけれども、清川の同志もうすうす感づいて警衛するので隼のように剽悍《ひょうかん》な芹沢らも手のくだしようがなかった。

ある日八郎が山岡鉄太郎とただふたり、当時土州侯の旅館にあてられた大仏寺へでかけることが芹沢の耳にはいった。そこで好機逸すべからずというので十三名は二手《ふたて》にわかれ、芹沢は新見、山南、平山、藤堂、野口、平間の六人とともに四条通り堀川に、近藤は土方、沖田、永倉、井上、原田の五人を同行して仏光寺通り堀川にいずれも帰途を擁《よう》して目的をはたそうと待ち伏せる。永倉の組ではもし待ち伏せしているところへ清川らが通りかかったら永倉がまず飛びだして山岡を後方へひき倒し、「お手向いはいたさぬ、暫時御容赦!」というを合図に、近藤ら五名は清川を斬ってすてるという手順であった。

夜はふけて人通りもまれに水を打ったような京の巷、清川、山岡の両人はなに心なく四条の堀川を通りかかった、とみた芹沢は刀の柄《つか》の目貫《めぬき》をしめし足音をしのばせて清川のうしろから抜打ちにしようと鯉口まで切ったが、ふと山岡の懐中に御朱印のあることに気がついてハッと身をしりぞいた。

御朱印というのは将軍家から山岡と松岡万にあたえられた『道中どこにても兵を募ること苦しからず』とあるもので、山岡は江戸発足の当時から天鵞絨《ビロード》の嚢《ふくろ》にいれ肌身離さず持っている。御朱印に剣をかざすは将軍家に敵対するとおなじ意味に当時の武士は考えていたものだ。これがため芹沢はついに剣を抜かずにしまったので清川はあぶない命をまっとうした。また近藤や永倉らがいまかいまかと待っていた仏光寺通りへは清川が通りかからなかったのでこれも無事にすむ。会津侯はますます清川を暗殺せよと焦慮するのであった。

文久三年三月二十三日清川八郎は同志をうながしてついに江戸へ発足することとなった。このときまで京都にのこるはずであった佐々木只三郎は会津侯の内命で速見又四郎、高久安次郎の両人とともに清川らの一隊に加わり江戸にむかった。途中すきあらばとねらったが警衛が厳重なので手がだせない。とかくして江戸へ着いてしまったが、その後の八郎はまず浅草蔵前《くらまえ》の豪商をおびやかして莫大の金を集めた。かれは軍用金調達のうえ横浜を鎖港し、小田原の大久保加賀守を襲ってその居城をうばい、京都に潜伏する薩、土、肥の志士と呼応して徳川幕府を転覆せんと企てたのである。

［解説①］　近藤・永倉らの登場

幕府は江戸で増える浪人対策に頭を痛めていた。その幕府に、出羽の勤王家・清河《きよかわ》（川）八郎《はちろう》は、「旗本の中から豪傑優秀の士を数名選んでその元締とし、浪人を集めて浪士組を結成し、将軍警固と京都の治安維持にあたらせれば、江戸の浪人は減るし一石二鳥である」と献策した。清河は「予は回天の一番乗りを為さんとするものなり」と勤王の魁《さきがけ》を豪語し、勤王家を集めて、文久元年（一八六一）春に「虎尾の会」を結成して、国家論を論じていた。清河は清川とはじめ名乗っていたが、国家を動かす大河のような働きをしたいと決意し、清河と改《か》えたという。

これは妙案と喜んだのは、前越前藩主・松平春嶽《しゅんがく》と前土佐藩主・山内容堂《ようどう》である。それに対し、歩兵奉行兼勘定奉行・小栗忠順《おぐりただまさ》は「浪人をもって浪士組に仕立てるなどを京都に送り込めば、幕府の威信にかかわる。旗本の子で組織すべきである」と反対し、講武所槍術師範・高橋伊勢守（泥舟《でいしゅう》）も小栗の意見に賛同した。

幕府は文久の改革（文久二年〈一八六二〉）で、一橋慶喜《ひとつばしよしのぶ》を将軍後見職、松平春嶽を政事総裁職、松平容保《かたもり》を京都守護職に就任させ、京都所司代の上に置くことにした。さっそく幕閣が招集され、火急の案件として松平主税助（上総介）を浪士組取扱いに任じた。

その頃、天然理心流試衛館道場の宗家四代目を継いだ近藤勇は、出稽古や門弟の増員をころみ、剣術の実力があれば流派にこだわらず「来る者拒まず」と受け入れ、客分扱いとした。松前藩を脱藩した永倉新八は、神道無念流・心形刀流の遣い手でことに近藤と気脈を通じ、天然理心流の表木刀の形に惚れ込んだ。ほかに、客分には藤堂平助《とうどうへいすけ》、原田左之助《はらださのすけ》らがいた。

近藤は稽古熱心で門弟らも日々汗を流した。『浪士文久報国記事』にも「稽古が終わると門弟たちは国事を議論して国を憂いていた」とあるように、国家についても大いに語った。身分に関係なく国事を論じるこの議論は「処士横議」と呼ばれ、当時、広く行われていた。

文久二年十二月八日、幕府は浪士組募集を正式決定したが、内容は清河の献策どおりであった。朝廷と幕府の公武合体を推進するため、十四代将軍・家茂《いえもち》が三代将軍・家光《いえみつ》以来二三〇年ぶりに入洛することになったが、京都では志士らによる天誅と称するテロ行為が横行していた。それを取締るため幕府は京都守護職・松平容保に命じ、浪士組の結成、着任を急がせた。

近藤らは浪士組募集をどのような思いで聞いたのだろう。文久三年正月十六日の名主・小島鹿之助の日記に「近藤勇へ鋏衣（鎖帷子《くさりかたびら》）を貸す。土方歳三へ昨日一刀を貸す」とあり、十六日、名主小島家を訪れた近藤に鎖帷子を貸し、その前日には土方に刀一振りを貸したという。永倉が「われらも一味となり日ごろの鬱憤を晴らそうではござらぬか」（新撰組顚末記）と、浪士組への加入をすすめたという。

募集の条件は「尽忠報国の志が有って、公正無二、身体強健、気力旺盛であれば、貴賤老少、職業など関係なし」で、近藤ら試衛館道場の面々が勇躍、募集に応じた。当初、募集人員は五十人を見込み、一人につき五十両を支給、総額二五〇〇両の予算を考えていた。ところが蓋を開けてみると二五〇人も集まっており、松平主税助はこの無策の責任をとって辞任し、鵜殿鳩翁が後任となった。結局、浪士一人あたりの支給額を一〇両に減らし、従来の予算二五〇〇両で二五〇人を採用することになった。ちなみに、勝海舟《かつかいしゅう》は浪士組に批判的で「此は春嶽公大失策也」（雄魂姓名録）と坂本龍馬《りょうま》に語ったという。

文久三年二月五日、名主の小島は近藤の試衛館道場を訪れ、餞別を届けた。同日、近藤らは浪士組集合場所の伝通院大信寮に行くと、集まった者へ道中規則が申しわたされた。集まった浪士たちのなかに、清河が「先生」と呼ぶ、水戸の芹沢鴨もいた。

新撰組結成――

おぼろ月夜の惨劇、壬生浪士と新撰組

勤王倒幕の志士の武運ここにつきて無残や刺客の手にたおれる時がきた。将軍上洛して江戸は火のきえたよう、春はむなしく暮れて月おぼろなる四月十三日、八郎は同志のひとり羽州上山《かみのやま》の藩士金子与三郎がもとを訪問して義挙の密談にふけった。そして夕刻から酒となり大杯をあおってつねになく酔い、酔歩蹣跚《すいほまんさん》として帰途についた。

影の形にそうようにつけまわす佐々木只三郎この絶好の機会をいかで逃すべき、芝山内にほど近い赤羽橋にひそんでいまやおそしと待ち伏せるとは知らず、清川は月影を踏んで春の夜風に鬢髪《びんぱつ》を吹かせながら赤羽橋にかかると、かねて見覚えのある佐々木の若党がツカツカとでてきた。そして、

「これはこれは清川先生だいぶんのごきげんでございます。いずれからのお越しで」

「オオだれかと思ったら佐々木氏のご家来か、イヤなに友人のもとを……」と言いかけるせつな、電光一閃、うしろから肩先深く斬りつけられ声をもあげずあおむけにたおれた。

人や見ると月影をすかした佐々木只三郎、清川の首級をあげようとしたが、このとき絶え

たと思った行人の声があたりに聞こえたので見られてはめんどうとそのまま姿を隠してしまった。翌朝未明、佐々木、速見、高久の三名は酒井左衛門尉の手勢を借り、本所小笠原の邸内《やしき》をおそって清川の残党村上久之丞、村上俊五郎、石阪宗順ほか五名を苦もなく召し捕った。清川一味の陰謀を知らずそのときまで同志と名乗った二百余名の浪人はそのまま酒井左衛門尉にあずけられ、のちに新徴組と名づけられた。この事件のため山岡鉄太郎、松岡万《よろず》の両人は役目の落度とあってとがめられて蟄居もうしつけられ、十五代将軍の慶喜《よしのぶ》大政奉還のころまで門を閉じ世と絶ったのである。

清川八郎たおれて秘謀はみぜんに消滅し、舞台は京都にのこった壬生浪士のほうへかわる。芹沢派の十三名は会津侯のあずかりとなってからはきゅうに羽振りよく、無禄《むろく》でこそあれ諸侯へも自由に出入りして肩で風切るいきおい。まもなく会津侯から壬生浪人は人数不足であるから同志を募り一隊を組織せよとの命をうけた。会津侯はこのとき京都守護職を勤めていたのである。

京都大坂に触れて集めたもの百名あまり、中堅はもとより江戸からこころざしをおなじゅうした十三人で新しい面々はいわば烏合《うごう》の勢、これを統率するにはなにか憲法があらねばならぬ。そこで芹沢は近藤、新見のふたりとともに禁令をさだめた。それは第一士道をそむくこと、第二局を脱すること、第三かってに金策をいたすこと、第四かってに訴訟をとりあつかうこと、この四箇条をそむくときは切腹をもうしつくること、またこの宣告は同志の面前でもうしわたすというのであった。

局とはこの一隊をさすので、局長は芹沢鴨、新見錦、近藤勇の三人、副長は山南敬助、土方歳三のふたり、助勤は沖田総司、永倉新八、原田左之助、藤堂平助、井上源三郎、平山五郎、野口健司、平間重助、斎藤一、尾形俊太郎、山崎烝、谷三十郎、松原忠司、安藤早太郎の十四人、調役《しらべやく》には島田魁《しまだかい》、川島勝司、林信太郎の三人、勘定方は岸島芳太郎、尾関弥平、河井耆三郎、酒井兵庫の四人ときまり、りっぱな浪士隊なってこれを新撰組と命名した。

新撰組の夏の仕度、鴻池で二百両調達

文久三年京の春はもの騒がしく暮れてはやくも卯月《うづき》となった。一日新撰組の芹沢が新見、近藤の両人にむかって、「もはや端午《たんご》もちかづくというのに同志はなお綿入れを着している。なんとかくふうして夏物とかえねばなるまい」と相談した。両人ももっともとは思ったが、さて先立つものは金。鬼をもひしぐ豪傑連もこれにはハタと当惑した。

三人の知恵はトド大坂随一の富豪鴻池《こうのいけ》へおもむき入用の金子《きんす》を借用してととのえようということになった。さっそく芹沢、山南、永倉、原田、井上、平山、野口、平間の八人が大坂へくだり八軒家の京屋忠兵衛方へ投宿する。あくる朝八人はうちそろって鴻池の玄関を訪うと小僧がでてきて「おいでやす」と式台にかしこまった。芹沢は八人の手札をわたし、「拙者どもは会津侯おあずかりの京都壬生浪士である。主人と面会いたしたい用件があってまかりこした」

小僧はそのまま奥へひっこんだと思うとまもなく支配人だという男がでて、「さようなればこちらへ」と八人を玄関脇へ招ずる。芹沢はムッとして、「浪人とみて玄関脇へ案内するとはいかがのしだい。不都合千万でござろう」といきまくと、支配人は低頭平身して無礼をわび、さらに客間に案内して煙草盆と茶などをすすめて、「主人はあいにく他出中でござりまするので、ご用向きは私へお聞かせくださるようにねがいます」

「イヤ主人不在とあれば其方《そのほう》でもよろしい。こんにち出向いたるは余の儀にあらず。金子二百両用達ってもらいたい。返済は今月末にかならずいたすであろう」

「ああ、さようの儀でございまするか」と支配人は小首をかたむけ、

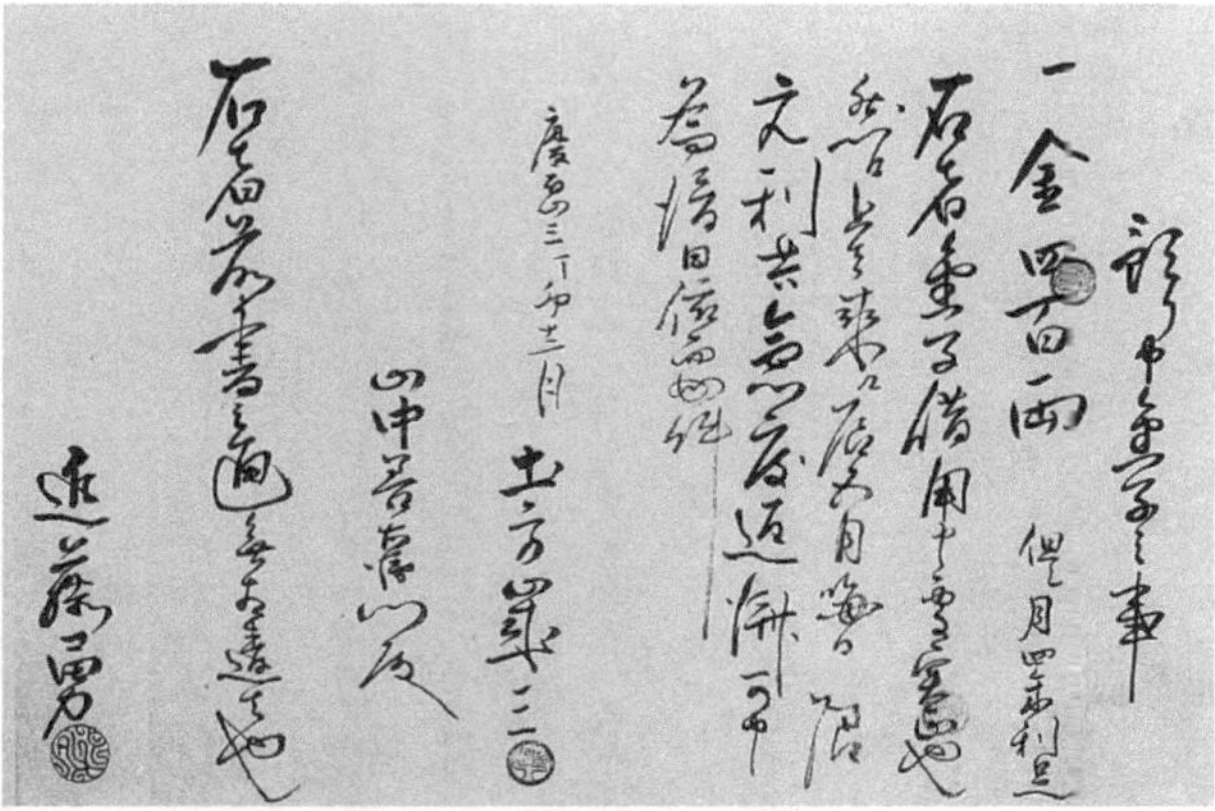

鴻池善右衛門宛て新撰組金銭借用証(慶応3年12月)

「なにぶん主人不在でござりまするで、てまえ一存ではとりあつかいかねまするが暫時お待ちを、ただいま同役と相談いたしましたうえでご返事をつかまつります」と煙草入れを腰にさして立ち去った。そしてしばらくするとふたたび揉手《もみで》をしながらでてきて、

「エエ同役とも相談いたしましてござりまするが、なにぶんにも主人が留守のことでもあり御《ぎょ》意《い》をとりはからいかねまするで」と懐中から小判五両の包紙をうやうやしくさしだし、

「失礼ながら」とほとんど強請《ゆすり》にきたものでもあつかうような言いぶん。芹沢は眼をいからして、

「かような金子がほしくてわざわざまいりはいたさぬ、無礼千万ッ」とやにわに小判の包みを

つかんで支配人の丁髷頭《ちょんまげあたま》へ叩きつけた。驚いたのは支配人で、きもをつぶして町奉行所へかけこみ、

「壬生の浪士がまいってしかじかの乱暴をいたします」と訴えてでた。すると町奉行は、

「壬生浪士とあれば会津肥後守のおあずかり。ていねいにとりあつかえ」といがいの沙汰、それはすておけぬと鴻池善右衛門自身で芹沢らに面会し、だんだんの無礼を陳謝したうえ、

「御用命の金子二百両はいかにもご用達もうします」とそくざにさしだした。一同もおおきにまんぞくして京都へひきかえし、まもなく松原通り大丸呉服店へ麻の羽織、紋付の単衣《ひとえ》、小倉《こくら》の袴などをことごとく新調におよび一同へ手わたして更衣《ころもがえ》することができた。

新撰組の洋式調練、芹沢鴨と綱引人夫

大坂の鴻池から金子二百両を借りいれて服装をかえた新撰組の浪士、なかにも羽織だけは公向《おもてむき》に着用するというので、浅黄地《あさきじ》の袖へ忠臣蔵の義士が討入りに着用した装束みたようにだんだら染《ぞめ》を染めぬいた。ところで、ある日会津家から芹沢にきてもらいたいと呼びだして公用方から「新撰組が大坂鴻池から金子を借用して衣類をととのえたとうけたまわるが、

これはいかにも肥後守不明ということにあいなる。ついては右の二百両は当家からあらためて新撰組へ用立てるから、鴻池にはさっそく返済いたすがよかろう」といわれて芹沢は一言もなくすぐさまその手続きにおよんだので、鴻池でもはじめて新撰組をむかえるにふつうの浪士隊とはみなさない。そのご両三度ならず芹沢らを招待して馳走などするようになった。

こんなありさまで芹沢、新見、近藤らの幹部が身をおさめるに謹厳にしたので同志の一隊もおのずと規律を正しく、将軍の警衛、市中の巡察、浮浪人の取締りに隊伍をととのえ、屯所には甲冑手槍の数をそなえ日課として洋式の調練をやる。日をへるにしたがって隊の名声は京坂に鳴りわたり、薩、長、土、肥などの志士もはなはだしく新撰組をはばかるようになった。

こえて六月島原の廓内に住む京相撲の勇川力蔵《いさみがわりきぞう》から新撰組の勇士を桂川の川狩に招待してきたので、芹沢をはじめ沖田、永倉、原田など二十七、八名でおしだす。力じまんの相撲取りや浪士連が集まったこととて、おりから夏の日ざかり、いずれも素っぱだかになってこいだ、なまずだと夢中になってさわぐ。しばらくして昼飯どきになり重詰や食籠《じきろう》の行厨《べんとう》をひらいて空腹《すきばら》につめていると、これも川遊びとみえて桂川の中流を曳船で通るものがある。

船は両岸に張った綱に曳かれてスイスイとさかのぼる。人夫がかけ声おもしろく上流《かみ》へ上流へとすすむうち、ふとしたはずみに芹沢鴨の髷《まげ》へ曳綱がさわったからたまらない。「無礼者ッ」と叫びざま脇差をぬいてプッリと綱を切りアッと驚く綱引人夫をひしひしと縛りあげたうえ、河岸に突っ立ちあがり、

「その曳船待てッ」と大音声によばわった。このとき船中から、

「拙者は与力草間烈五郎ともうすもの、失礼のだんはなはだ恐縮に存ずる」と陳謝の声が聞こえたから、名乗られると黙ってるわけにいかず、芹沢は、

「拙者は壬生浪士芹沢鴨ともうす」と名乗ると、与力の草間は驚いて船中からおどりでて芹沢の前へていねいに、

「これは芹沢先生でござったか、じゅうじゅうの失礼ひらにご容赦くださるよう」としきりにわびる。

芹沢は自分を知っていながらこの無礼はもってのほかなりとたけりたったが、草間はひたすら低頭してあやまるので芹沢も我をおり、縛った人夫をゆるし草間には獲物の雑魚《ざこ》など贈ってその場は別れた。

その日は桂川で終日おもしろく遊んで一同引き揚げる。翌日になると草間烈五郎、人夫を縛って引き連れ樽酒に金十両をそえてあらためて壬生の屯所へ芹沢を訪れ、前日の無礼をさ

んざんにわびたので芹沢もことごとくうちとけ酒をくみかわしてなにごともなくすんだ。

水口藩士のわび状、新撰組島原に集まる

京都の警邏《けいら》をうけたまわる新撰組が京の内外に威望をたかめるとともに隊長芹沢のわがままはしだいに増長し、ときにきょくたんな乱暴を演じて隊員をよわらせた。永倉なぞもよわったひとりである。

ときは文久三年六月のすえ、水口《みなぐち》藩の公用方が会津藩の公用方をたずね、

「さてちかごろ異なことをもうすようでござるが、新撰組の隊員が乱暴の挙動おおく当藩の邸などでもときおりめいわくをいたす。なんとかいたされたいものでござるが」とうっかり口外したので、そのてんまつを会津藩の公用方から新撰組へもうしいれた。芹沢はこれを聞いて、

「もってのほかの言いぶん、そのままにいたしては同志の恥辱である」とおこりだし、永倉、原田、井上、武田の四人をよび、

「水口藩の公用方を召し捕ってまいられよ」と命令した。

永倉は他の三人とともに水口藩の藩邸へおもむき、ただちに公用方にあって新撰組の屯所へ同行を迫った。すると公用方は屯所へいけばむろん首が飛ぶことをかんづいて禍《わざわい》をまねいたその口でひらあやまりにあやまった。しかし永倉は、

「拙者がその弁解を聞いたところでいたしかたがない。是非のあるところは隊長にちょくせつもうし開かれたがよい」ととりあわぬ。すると水口藩の右筆《ゆうひつ》だという男もそばから、

「拙者においてかならず隊の面目を立てるでござろう」と口をだし、低頭平身するので永倉らもしょうしょうもてあましてきた。しかし公用方をつれずに帰ったら芹沢がなんというであろうかと思案にあまったが、「それでは謝罪文をもって帰ろう」ということにとりきめ、とうとう一札《いっさつ》を書かせて引き揚げた。芹沢はこれにズッと眼をとおし、

「これでよろしい。ごくろうでござった」とすぐさま隊の同志をよび集め、事件のしだいを物語って右の謝罪文をしめし大笑いした。するとその翌日、京都二条通りに直真《じきしん》（心）影《かげ》流《りゅう》の道場をひらく戸田栄之助という男がたずねてきて、「永倉新八殿に御面会をねがいたい」という。永倉がさっそく会ってみると、水口藩の公用方からさしいれた詫状《わびじょう》を返してもらいたい。じつはこのこと藩公の耳にはいれば公用方はもちろん切腹しなければならぬ。友人の自分はどうかしてかれを助命いたしたく、右のしだいであるからどうか拙者にめんじ

て返してもらえまいか、と手をさげてたのむのであった。

しじゅうを聞いた永倉は、

「それはそれは、さようのしだいなれば、いかにもおもどしもいたそう。だが詫状は局の一同にしめしてもはや拙者の一存ではとりはからいがたい儀もござれば一同と相談をいたさねばあいならぬ。それには屯所の座敷ではせまくていたしかたない。お気のどくながら一同が集まるだけの座敷を周旋してくださるまいか」というと、戸田はおおきによろこんで、

「さようなれば島原の廓内角屋徳右衛門《すみやとくえもん》方へお集まりをねがいたい。角屋の松の間なればじゅうぶんでござる」と話がまとまり再会を約して帰った。

翌日になると新撰組総集会を島原の角屋にひらくというので、芹沢をはじめ近藤、永倉その他の幹部から隊員たる浪士百有余名がことごとく島原にくりこみ、角屋の大広間いっぱいに集まった。前日約束した戸田栄之助も来あわせ、席さだまるとともに永倉が芹沢にかわって集会のしだいを物語り、どうしたものだろうと語ると、一同は謝罪文を返すことに異議ないというので、この詫状はとどこおりなく戸田の手にわたした。

喧嘩禁止の大宴会、芹沢隊長酒乱のこと

水口藩の公用人から新撰組へさしいれた詫状が仲裁人の戸田栄之助へとどこおりなく返されると、こんどは席をかえてひきつづき浪士一同の招待会がひらかれた。

席がさだまると隊長芹沢が一同にむかい、

「こんにちは水口藩侯からの招待であるから遠慮はいらぬが、いつものような喧嘩口論はいっさいあいならぬ」ともうしわたし、みずから大杯をあげてくつろいでいる。善美をつくした角屋の表二階で名のある料理人が腕をふるった庖丁の味に廓内の芸妓を総揚げにした大酒宴とてことごとく破目をはずして汲みかわした。こんな大ゆかいのなかに永倉と土方歳三はおなじ席について酒を飲んでいたが、ふと土方が一座を見廻して、

「のう永倉、芸妓はあのとおり働いているに、角屋の仲居がひとりもおらぬとはどうしたものだろう」

「なるほど、これはけしからぬしだいだ。へいそ芹沢隊長はこの角屋をおもしろからず思っているのだが、気がつかねばよいがのう」と心配していると、時のすぐるとともに杯盤よう

やく乱れ、芸妓をとらえて難題を吹きかけるもの、口角に泡を飛ばして激論するものなどがあらわれてくる。隊長芹沢ははやくも酔いがまわり眼がすわって、はや例の気むずかしい顔で一座をねめまわす。そして仲居のおらぬのに気がついて大声でどなりはじめた。

とかくするうちにあちらにもこちらにも口論がはじまる。気のはやる壮士ばかり集まったこととて隊長のふきげんぐらいでは喧嘩はやまぬ。さきほどから気のいらいらしていた酒乱の芹沢はついにかんしゃく玉が破裂した、とみるまにたちまち例の大鉄扇をもって前にある膳椀から瀬戸物までひとたまりもなく叩きこわしてしまった。

「ホラ隊長の乱暴がはじまった」とだれいうとなくおじけをふるい、はては、したくもそこそこにして逃げだした。さしもに宏壮な角屋の屋内はたちまちにして人の影なく、永倉と土方だけがのこって芹沢の挙動を監視していた。芹沢はますます猛りたち、よろよろと廊下にでるやイキナリ梯子段の欄干《てすり》に手をかけ「ヤッ」とかけごえとともにメリメリとひきぬき、小脇にかいこんで楼下へおり帳場にならべてある大酒樽の飲口を叩きおとしたからたまらない。こがね色の清酒がこんこんとしてほとばしるのを見向きもせずさらに流し場へでて、山のようにつんである瀬戸物の類を、手にした欄干の棒切れでかきまわし粉微塵《こなみじん》にしてしまった。

「主人《あるじ》はいないか、これへ出ろッ」とどなったが、もとよりへんじなどするものがない。おりから風呂番の老爺《おやじ》、逃げおくれたのかただしは大胆なのか、ひょっこり首をだしたので、芹沢は、

「これこれ拙者は新撰組の芹沢ともうす。角屋徳右衛門不埒《ふらち》によって七日間謹慎をもうしつけるとさようにもうせ」となおもさんざん暴れつくして二階へひきかえし、永倉と土方をかえりみて狂的に大笑し、

「イヤ御両所、こんにちはまことにゆかいでござった。へいそ気にいらぬ徳右衛門め、これで胸が晴れもうした。拙者は町奉行へまいるによって一足おさきをいたす」と言いのこしてでていった。永倉、土方の両人もまもなく引き揚げ、事の顚末を近藤勇に話をすると、近藤は手をこまぬいてほっと太い息をついた。

新撰組の大坂くだり、大坂力士と大げんか

文久三年もはや春をおくり夏にはいった。そのころ天下の風雲はますます急をつげ志士は血眼《ちまなこ》になって京都や大坂へつめかけ、勤王とよび佐幕とよび問題は沸騰するばかり、京都

にはいまだ将軍が滞在することとて勤王の志士はうっかり乗りこめぬ。そこで九州方面から東上する志士は大坂に足をとめ同志と気脈を通じて跳梁跋扈《ちょうりょうばっこ》する。だんだん日をかさねるとともにひろい大坂も浪士の数をましてきて町奉行もてあましてきた。そしてついに京都の新撰組へ取締方をたのみこんできた。

威望りゅうりゅうたる芹沢、近藤の二豪はそくざに山南敬助、沖田総司、永倉新八、平山五郎、原田左之助、井上源三郎、野口健司などの傑物を選抜し、ほかに二十人ばかりの隊員をひきいて大坂へくだり、かねてひいきにする八軒屋の京屋忠兵衛方へおちついた。

それは七月の十五日で燃ゆるようなあついさいちゅうとて、さしもの豪傑連もいたく閉口してしまい、芹沢の発意で舟すずみにでかけることにした。一行は芹沢をはじめとし、山南、沖田、永倉、平山、斎藤、島田、野口の八人、船中は不便だからというので永倉、沖田、平山、斎藤のほかは脇差だけさし稽古着に袴をつけただけの姿で一艘のすずみ舟を仕立ててのった。ところが淀川の水瀬がはやくて船頭の力もおよばず、向こうの岸こちらの淵と流されてるうちにトウトウ鍋島河岸へ着いた。

揚場《あがりば》へ上陸《あが》ると斎藤一が腹が痛いと言いだした。それでは舟をよそうとそのまま河岸をある橋のたもとまでゆくと前方から角力取がひとりブラリブラリやってきた。芹沢が、

「側へ寄れ寄れ」と声をかけると、角力取は、

「寄れとはなんだ」といって傲然としている。

芹沢らが稽古姿であったのであるいは武士と気がつかなかったかもしれないが、いったい当時の大坂相撲に小野川秀五郎という名力士がおって、大関の地位を占めているばかりでなく、つねに勤王をとなえ一朝事件《こと》あるときには、力士の一隊をひきい攘夷のさきがけをうけたまわるというんで、気をもって衆を統率していた。したがって力士らも倨傲《きょごう》の挙動おおいのみならず武士もなにかといえば眼下にしたがるふうがあった。それを芹沢がしょうちしていたからたまらない。いまの一言を聞くや、「おのれッ」と言いざま腰の脇差で抜打ちにしてしまった。

なおも足をはやめて蜆橋《しじみばし》へさしかかると、またもひとりの角力取がやってきて前とおなじようなまねをする。そこでこんどは八人同時に飛びかかってその場にひきたおし、芹沢は馬乗りになって脇差をその胸に擬し、

「先刻もひとりを斬りすてた。武士にむかっておなじ無礼をやるとは言語道断、とても生命をたすけるではないが特別にそのほうはゆるしてつかわす。角力取一同へ、いらい武士に無礼すなと伝えよ」といって突っ放した。

角力取はほうほうのていで逃げだし部屋に帰ってかくかくのしだいと物語る。ところが当時大坂角力は京都の角力と合併して興行することとなっており、いよいよ明日が初日という相談のさいちゅうへ、この報告があったのでただささえ気が立っていたところだからたまらない。かねて攘夷のさいにつかうべくわたされてあった八角の樫《かし》の棒を手に手におっとり、

「それッ浪人どもを打ち殺せ」と六十人ばかり飛びだして芹沢らの後をおった。

月下に浪士と力士入り乱れて大格闘す

こちらは芹沢鴨をはじめ新撰組の浪士、同志の斎藤一を介抱しようというので遊廓の住吉屋というに登楼して手当をくわえていると、きゅうに楼外にただならぬけはいがきこえる。つづいてガヤガヤとののしりさわぐ声さえ聞こえる。芹沢がなにごころなく二階から障子を明けてのぞくと、これはしたり、仁王のような肥大の角力取がおよそ五、六十人、手に手に頑丈な樫の八角棒をたずさえ双肌脱《もろはだぬ》いで殺気を満面にふくみ口ぐちに、

「さァ浪人どもを引きずりだせ、有無をいうなら此楼《うち》もろともに叩きこわすぞ」といまにも闖入《ちんにゅう》せんずいきおい。芹沢は月影にそれとみて、

「ヤアヤア武士にたいしてまたまた無礼をいたすか、このまま引き取らぬにおいては斬りすつるぞ」とよばわった。

角力取は多勢をたのんで、なんのたかがやせ浪人、それ打殺《ぶちころ》せとさきを争っていりこもうとするので、芹沢はたちまち身をおどらして地上へ飛びおり、脇差を引きぬいて身構えた。それとみるより楼上の山南、沖田、永倉、平山その他の面々もおなじく身をおどらして飛びおり、

「それ隊長に怪我さすな」といずれも腰の刀を抜きつれて、寄らば斬らんと刀の襖《ふすま》をつくる。おりから雲間をもれた月は名残なく晴れわたってこうこうと照り、廓内は押しつ押されつする混雑のうちにこの騒ぎ、

「それけんかだ」「果し合いだ」と右往左往に乱れ飛んでたちまち熱湯のような大騒動。角力取はいずれも八角棒を大上段にふりかぶり、ただ一打とジリジリ寄ってくる。浪士は大剣あるいは小剣を青眼にかまえて、ブーンと唸りを生じてくる棒先を右にかわし左にさけ、すきをみては踏み込んで斬りつける。満身の力をこめてうちおろしたものを飛鳥のごとくかわされてむなしく地上を打つとみれば、浪士ははやくもその虚に乗じて波打つ横腹へグサと脇差を突っ込み一抉《ひとえぐ》りすれば、「ウーン」と唸って角力取はドタリとたおれる。あるいは袈裟

掛に切られて「ワッ」と声をあげ血煙立ってあおむけにひっくりかえるなど言甲斐《いいがい》もなく棒をひっかついで逃げだすところを背筋を割られて泣き叫ぶもある。イヤもうさんざんに斬りまくられて角力取の一団はタジタジとしりぞいた。

永倉はなかにも屈強とみゆる大男をひきうけて奮戦するうち、八角棒で脇差を打たれ、アッと思うまに脇差がコロコロと溝側へころがっていくのをいそぎひろいあげて、ふたたび打ってくる角力取のすきをみて肩先深く斬りつけたので敵《かな》わじとひきしりぞく。平山も胸を打たれたようすであったが決死の勇をふるって、これも斬りつけた。沖田は片鬢《かたびん》を打たれて血の滲むをことともせず刀を風車のように振り廻して敵を悩ましている。山南は逃ぐるを追うて背割に斬り倒したのでこれも即死する。永倉は島田のふった斬《きっ》(切っ)先《さき》で左腕に傷をおうたが、それはのちに気がついた。

角力取はいかに猛勇でも新撰組選りぬきの剣士に敵《かな》うはずがない。みるみる斬りまくられてさんざんなめにあい、とうとう総崩れになってわれさきに逃げだした。それとみた芹沢は「追うな追うな」と同志を制し顔見合わせていずれも無事なるをうち喜び、そのまま住吉屋へ引き揚げた。

斬り得と斬られ損、雨降りて地固まる

やがて八軒家の旅宿京屋へひっかえした芹沢は近藤勇にむかって事件の顚末を語り、ともかくもときの大坂奉行小笠原大隅守《おがさわらおおすみのかみ》へ届けいでることにした。それはあえて角力取とはいわないで、何者とも知れぬ五、六十人の者どもが徒党を組んで理不尽のけんかを吹きかけたからやむをえず懲らしめのため斬り払ったが、そのさい即死四、五人、手負い二、三十人をだしたらしい。今宵にてもふたたび押し寄せきたらんには一同でことごとく斬りすてるからあらかじめごしょうちありたいというのであった。

奉行はおおいに驚いてただちに与力に言いふくみて浪士の旅宿付近をかためさせて保護を加える。こちらは角力の年寄熊川、山田川、千田川の三人の名をもって、昨夜何者ともしれぬ浪人組に斬りかけられ即死五名手負十六名をだした。見つけしだいそれら浪人どもを殺害いたすとこれも町奉行へ訴えでた。

しかし新撰組からの届出によって末がわかっているから即刻三名の年寄を呼びだし、

「相手ともうすは京都の壬生浪士新撰組の人びとである。その訴え出でによると理不尽の無

礼により余儀なく斬りすてたとある。いやしくも武士に対してけんかを吹きかけるとは無礼このうえない。無礼打ちにさるるは理の当然で、よんどころあるまい」と、けっきょく角力取は斬られ損、新撰組は斬り得になった。

そこで三人の年寄は、棄てておいては将来までの不為と思ったので、詫びをいれることとし、うち揃って八軒家の芹沢や近藤らに面会してだんだんの無礼をうち詫び一献さしあげるはずであるがというので、清酒一樽に金子五十両をそえてさしだした。芹沢以下ももとより遺恨あってのけんかでなし先方から悪かったとあやまってきたのにことごとくきげんをなおし、すぐさま酒をよんできのうの敵はきょうの友とこころよく飲みかわす。その席で大坂を打ち揚げ京都で興行するさいには、とくに新撰組のために京坂合併の放楽相撲といたしましょうと約束した。

それは日をへてからの話であるが、当日は数万人の見物あり角力取のよろこびはもとより新撰組の面々も大まんぞくで洛中の評判もためにひとかたでなかった。興行がすんでから芹沢は角力取をよんでなにか馳走したいと考えたがなにぶんにも金がないので一策を案じ、屯所にしている新徳寺の住職にむかって、「弁天の池を掃除してしんぜよう」と遮二無二しょうだくさせ、いっぽうには角力取に通知して池をかい掘るから遊びにこいと案内し、当日になると、酒を飲むため池からとった雑魚《ざこ》を肴《さかな》に大酒盛となった。が角力取は酒は飲むけれども雑魚は食わない。

「どうして食わぬか」と聞くと、弁天の池には昔から主《ぬし》がいると言い伝えられるから後難をおそれるというのである。浪士たちは「ナニ尽忠報国の士に主がたたってたまるものか」と笑いながらたがいに飲みまわし大ゆかいをつくした。角力取と浪士はこうしてしたしく往来したので京都の取締りはいっそう容易になった。

むかしゆかしき吉田屋夕霧といまの遊女姿

文久三年の夏は京都大坂ともさわがしい風評ばかり伝えられた。八月大坂の町奉行からまたまた新撰組へたのんできて市中の巡邏にあたることになった。取締りとして芹沢、近藤の両隊長をはじめとし土方歳三、沖田総司、永倉新八、原田左之助、平山五郎、野口健司、平間重助、井上源三郎の幹部連が同志二十名ばかりひきつれ、またもや八軒家の京屋忠兵衛方へ落ちつく。一休みして隊長芹沢は一同にむかい、「炎暑のおりからたびたびの下坂ご苦労にぞんずる。なにかめずらしい肴で一献とぞんずるがごらんのごとく手狭により、これから新町の吉田喜左衛門宅までお運びをねがいたい」というので、それではと同志残らずうちつれてでかけた。

吉田屋というのは夕霧、伊左衛門が浮名を流した有名な貸座敷で同志はいずれも大よろこびであった。忠兵衛方には芹沢と永倉だけが留守役にのこり酒を飲んでいたが、しばらくたって芹沢が忠兵衛をよんで、

「ご苦労であるが若い者を吉田屋へつかわして小虎太夫と仲居のお鹿をよんでもらいたい」

といいつけた。

ほどなくふたりの女がやってきて、武骨な席が陽気になり、芹沢も冗談などいってからかっている。酒もまわって両人ともひどく酔ってしまったので、かれこれ丑刻《やっ》とおぼしいころ、永倉がまず降参して、

「芹沢先生もう寝ましょう」と甲《かぶと》を脱いだ。

芹沢も酒は十分であったとみえてただちにこれに同意し、小虎太夫に帯を解けとたわむれる。「帯を解け」とは泊まっていけという謎であるが小虎は芹沢を好いていなかったのでよういに聞きいれない。

「お鹿さんが解けば妾《わたし》も解きましょう」と柳に風とうけ流すが、お鹿はもとより小虎を見守

りにきただけのことであるし、かつ日ごろ小虎が芹沢をきらってるのを知ってるから早くもその意をさっし、

「妾は解きません」とキッパリことわった。これを聞くと芹沢はおおいに腹をたて、

「もうよいから帰れ帰れ、即刻帰ってしまえ」とどなった。両女《ふたり》はそのまま階段をおりていこうとするので、永倉は「待て待て」とひきとめて忠兵衛に、

「夜もまだ明けぬのに両女《ふたり》だけ帰すというもいかがであるから、しばらく寝かして帰してもらいたい」と、しいて泊めることにした。

永倉がふたたび二階へあがっていくと、芹沢は大立腹で、

「永倉氏《うじ》、不都合なるはかれら両人、さっそく処分してしまわれよ」と激越した調子でどなる。永倉はとにもかくにも芹沢をなだめすかし「あす相当のことをいたすでござろう」とやっとその夜をすました。

翌日になると永倉はまず忠兵衛に旨をふくめ、

「後刻芹沢隊長をつれて吉田屋へまいるにより、それまでに選り抜きの芸妓を十名ばかりまねき、われわれがまいったら酒をだして隊長のきげんをとるように」と命じおき、なお土方、平山、斎藤の三人に昨夜のしだいを物語り、隊長と自分が吉田屋へおもむくとて出たならば

それとなくあとからついてこい。そしてなに心なく、落ち合ったことにして隊長のきげんがなおるように、骨をおってもらいたいと打ち合わせたのであった。

永倉がこう苦心したのは、こんなささいな事件で万一両女の生命でもとるというようなことになっては、新撰組の体面にかかわることをおもんぱかったからである。

落花狼藉成天の間、髷《まげ》を肴に杯洗の盃

前夜の宿酔いまだ醒めない芹沢鴨は女にふられた遺恨に永倉新八をうながしてこれが成敗にでかけた。遠くもない吉田屋の門前にさしかかると犬が一匹寝ている。これを見るより芹沢は例の三百匁《もんめ》の大鉄扇をふりあげてその犬をなぐり殺し玄関へ怒気をふくんであがると、先着の京屋忠兵衛をはじめ芸妓仲居が両側にズラリとならんで出迎える。芹沢はものをもいわずそれらを見廻し、とつぜんひとりの仲居を手にした鉄扇で打ったので仲居はたちまち気絶してしまったが、芹沢はあとをもみずに永倉といっしょに二階にあがり成天《なりてん》の間に通った。

成天の間というのは伊左衛門が夕霧をあいてに遊んだ部屋で、善美をつくした装飾がほどこされてある。すると両人のあとから見えつ隠れつついてきた土方、平山、斎藤の三人もあ

がってきて「隊長はこちらか」とそらとぼけ、五人が一座となって席をしめた。まもなく京屋忠兵衛がでてきて、

「ここの主人吉田屋喜左衛門はただいま留守でございまするで、ご用のおもむきは手前におおせ聞けくださるように」とかしこまった。芹沢は、

「主人不在とあれば其方《そのほう》でよろしい。昨夜小虎、お鹿の両人武士にたいして恥辱をあたえたのは不埒《ふらち》千万である。ただいま成敗するからこれへひきだせ」と力む。忠兵衛はこまった顔をしながら階下《した》へおり両女のそばへいって、

「あのようすではお前たちの首を斬るかもしれぬ」というと、両女は狂気のように泣きさけぶのである。忠兵衛はこれをおしなだめて、

「ともかくも座敷へ出ねばなるまい。もし両女《ふたり》がでぬということになれば京都の角屋の二の舞となるかもしれぬ。主人だいじと思わばでてもらいたい。そのかわり座敷へでたら両人は私の両側にすわって、両手を膝にして神妙にしているがよい。もし先方で斬るようなようすをみせたら、私が両方からお前たちの首をだいて、『両女を斬るなら私からまず斬ってくだされ』とたのもう。まさか私まで斬るまいと思うからまァ安心してお座敷へでるがよい」

こうしていやがる両女をつれて忠兵衛が五人の居ならぶ座敷へいくと芹沢は忠兵衛のよう

すをそれとさっして、

「両女とも無礼打にすべきであるが女であるによってかまわんことにする。そのかわり坊主にしてつかわす」と脇差へ手をかけた。すると土方が、

「先生に手をおろさせもうさぬ。拙者が切ってやる」とやにわに脇差で小虎の黒髪をブッツリと切った。つづいて永倉がお鹿の髪を切ろうとすると平山が、

「アイや永倉氏、それは拙者が切る」と、これも根元からぷつりと切ってしまった。

両女の黒髪を芹沢のまえへさしだして忠兵衛はまっさおになってふるえている両女をひきつれてその席をさがると、かねて用意していた芸妓が十人ばかりでてきた。芹沢は、

「きょうは酒を飲みにきたのではないが、しかしこの髪の毛を肴に一杯飲もう」と酒を命じ、杯洗をあけてまんまんと酒をつがせ、グーッと飲みほして一同へ献《さ》した。そしてそのまま吉田屋を引き揚げてむかい側のある貸座敷へあがり、右の十人の芸妓をよんで大騒ぎをやった。

永倉はいいかげんのところで脱け出し吉田屋へいってみると、小虎ははや馴染《なじみ》の町人へひきとられることとなっていたので、お鹿は永倉が親許へひきとらせてこれもまもなくさる町人に嫁がせた。

芹沢鴨自滅をきたし新撰組近藤に帰す

将軍警衛、京都巡邏をうけたまわる新撰組隊長の芹沢ともあろうものが、日ごとの乱行嵩じてついに同志の手にかかり横死をとげる仕儀となった。

芹沢はさきには島原遊廓角屋の珍器《ちんき》什宝《じゅうほう》をこっぱみじんにうちこわしたうえ主人徳右衛門にゆえなく七日間の休業を命じ、大坂新町吉田屋では小虎がわが意のままにならぬといって仲居のお鹿もろとも髻を切りすてる、ついで四条堀川の商家菱屋の妻お梅という美人を強奪して妾《めかけ》となし、はては毎夜のように島原のあっちこっちと暴れ廻り、すこしにても気にいらぬと例の三百匁の大鉄扇がうなって人をうち腰の佩刀がみだりに鞘を払われる。しかるにいっぽうの隊長近藤勇は驍勇《ぎょうゆう》の士であるがこのんで剣をろうすることをしない。抜くべきに抜き斬るべきに斬る、その殺虐の手をくだすにも公々然として断行する。芹沢の一徹短慮とはぜんぜんいきかたをことにするのであった。したがって両人のあいだにはいつしか深いみぞができて、近藤をして隊の面目の保持には涙をふるって芹沢を葬らねばならぬとまで決心せしむるにいたった。

両雄もとよりならびたたず、隊中はおのずから二派に縦断されて近藤は土方歳三、山南敬助、沖田総司などを両の翼とし、芹沢もおなじ水戸出身の縁故から新見錦を右の腕としてこれに対するようなありさまになる。近藤はついに隊長の権威をもって新見錦の横暴をおさえ、非行のかずかずをあげて祇園の貸座敷山緒《やまのお》で詰腹《つめばら》を切らせた。芹沢はために片腕をもがれて心ますます平らかでない。その後は隊のことをすこしもかえりみず日ごと夜ごとにいたるところで乱行をほしいままにしたので近藤もいよいよさいごの手段をとることになった。

ときは文久三年九月十八日夜、新撰組の大会議が島原角屋で開かれ、議が終って大宴会がおこなわれた。大広間は酒池肉林となって弦歌は一廓をゆるがす。近藤は今宵こそ芹沢を成敗してくれんと土方、沖田、藤堂、御倉伊勢の四人へ旨をふくめその爛酔《らんすい》をまって暗殺しようと時をまった。

やがて芹沢は平山、平間の両人を一座からつれだして屯所に帰り、自分は例の愛妾お梅を擁《よう》し平山は桔梗屋の小栄、平間は輪違屋《わちがいや》の糸里《いとさと》という美妓を相手として飲みなおした。そこへ土方もやってきて胸に秘策をしまってしきりに芹沢に酒を強《し》ゆ。果ては三人とも座にもたえぬようになって臥床《ふしど》にはいるとみるや、沖田その他をよび四人一時に躍りこんで斬りつけた。芹沢もさる者暗々《やみやみ》とは討たれはせぬ。枕頭《ちんとう》の大刀をとってはね起きて戦ったがついに乱刀のもとにたおれ、平山もつづいて咽喉を刺されて果てた。女はお梅だけ殺され小栄、糸里の両女《ふたり》は平間とともにふしぎに命を助かった。そしてあくる日近藤から「賊のために芹沢横死をとげそうろう」と会津家へ届けいでた。

この騒ぎのさいちゅう、永倉新八は他の同志とともに角屋にのこっていたので、この挙にはあずからなかったが急報を聞いて隊に帰った。かくて新撰組はここに近藤勇の手に帰し土方歳三を副長にすえて同志を戒飭《かいちょく》威望さらにあがった。

［解説②］　浪士組から新選組へ

文久三年（一八六三）二月二十三日夕刻、浪士組は京都・三条大橋に着いた。近藤は小島宛で「京地へ二十三日と滞りなく着仕り候、道中筋も差し支え無之」と伝えているが、宿割役の近藤は道中で芹沢一派の宿をとるのを間違う大失態を演じてしまい、以来、芹沢らに頭があがらなくなっていた。

浪士組は壬生村に分宿した。『浪士文久報国記事』には「旅宿は壬生村前川荘司宅となる。鵜殿鳩翁殿は南部亀二郎宅、御目付、御取締、取調役の三役と清河八郎は新徳寺本堂、八木源之丞宅の離れ座敷に芹沢鴨の組下が入り、近藤勇たちも同じ宿で、全員が謹んで宿泊した」とある。『新撰組顛末記』には、浪士組と共に佐々木只三郎、清河の弟・斎藤熊三郎が入洛したとあるが、そういう史実はない。

清河は入洛したその日の夜、主だった者を新徳寺本堂に集め、浪士組の目的は将軍警護ではなく「尊王攘夷」であると宣言し、上表文を御所学習院へ提出した。これに驚いた幕府は、清河の浪士組結成の真意を知った。

二十八日、近藤は六番小頭になっていたが、浪士組に特別御所拝観の許しの御達しがあった。御所拝観の注意事項として役人を一人つけ、往来中は他人の妨害にならないよう「酒店並に他家へ一切立寄り申す間敷、此段相心得らるべく候」（廻状留）と、特に酒家、他家へ立ち寄り厳禁とされ、物見遊山でないと伝えられた。

近藤は御所拝観で感激したのだろう。

事あらば　われも都の　村人と
　なりてやすめん　皇御心《すめらみこころ》

と詠んだ。その根底には「尊王敬幕」で天皇を尊び幕府を敬う水戸学の精神があった。

清河は依然と大義を唱え「仁義誤らずんば何ぞ人言を恐れん。正気消せずんば何ぞ一死を怕《おそ》れん」といい、清河は二回目の建白書を学習院へ上奏するため、新徳寺で集会をもった。幕府は異人が横浜に来襲すると噂を流し、攘夷を叫ぶ浪士組に関東に戻るよう勧めた。ここで清河と近藤らは決裂し、双方白刃をかざして斬りあいとなり、河野音次郎が仲裁に入り、清河に近藤らの京都残留を認めさせた。

清河は浪士組のほとんど全員を引き連れ関東に戻った。壬生浪士組と名乗った近藤ら残留組は、三月十二日、京都守護職・松平容保お預かりの身分をえた。『新撰組顚末記』には局長の筆頭は芹沢鴨・新見錦・近藤勇の三人の順で、副長は山南敬助・土方歳三の二人。助勤は沖田総司・永倉新八・原田左之助・藤堂平助・井上源三郎・平山五郎・野口健司・平間重助・斎藤一・尾形俊太郎・山崎烝・谷三十郎・松原忠司・安藤早太郎の十四人。調役は島田魁・川島勝司・林信太郎の三人。勘定方は岸島芳太郎・尾関弥平・河合耆三郎・酒井兵庫の四人。

京都守護職・松平容保は京都のみならず畿内における指揮権を有していて、近藤らは軍資金調達のため、大坂の豪商鴻池を訪ねた。芹沢は強引な調達をするので嫌がられ「壬生の狼」と呼ばれた。その金で京都の大丸呉服店で忠臣蔵さながらのダンダラ羽織を注文、隊旗は飯田呉服店（高島屋）で「誠」の文字入りをつくった。

文久三年八月十八日、京都守護職から出動要請があり、会津藩兵の一員として会津藩のたすき掛けで任務をした。その任務を立派につとめ、朝廷の「武家伝奏から新選組の隊名を下される」（島田魁日記）のである。

池田屋襲撃——

もとは水戸の藩士、牢中で絶食のかくご

みずから招いた災いとはいえ同志の手にかかって横死をとげた芹沢鴨は惜《お》しみてもあまりある有為《ゆうい》の人物であった。かれは常州水戸の郷士で真壁郡《まかべごおり》芹沢村《せりざわむら》の産で、勤王の傑物武田耕雲斎《たけだこううんさい》にしられ、有名な天狗隊の一方の旗頭とたてられ隊員三百名をあずかって重きをなした。生いたちははっきりしないが、さすがに水戸藩の空気に養成されただけ猛烈な勤王思想をいだき、つねに攘夷をさけんで痛嘆淋漓《つうたんりんり》たるありさまであったという。

本名は下村継次《しもむらけいじ》とよび、天狗隊員をひきいて常陸《ひたち》の板子宿《いたこじゅく》に屯していたときのこと、同志のうち三名のものがはしなく芹沢の議論と衝突して法令を犯《おか》したかどに問われ、例の短気からこの三名を斬ってしまった。それから鹿島大神宮へ参詣のおりから、なにをかんしゃくにさわってか拝殿につるされた大太鼓を例の大鉄扇で叩き破った。かねて幕府の当路からにらまれていた天狗隊のこととてただちに事件をかもし芹沢は江戸へ召されて竜の口の評定《ひょうじょう》所《しょ》へ引かれた。

ときの奉行が調べることとなって、

「神宮の大太鼓を叩き破ったとはふとどきしごく、もうし開きあるか」と訊問すると、芹沢は、

「いかにも叩き破ったにそういござりませぬが、拙者もとより尽忠報国の士にこれあり、したがって敬神の念にかららるるもの、せんだって鹿島大神宮へ参詣のおりから、感きわまってわれしらず鉄扇をもって太鼓を叩き破ってござる」と答えた。

「しからばさらにあい尋ねる。其方《そのほう》たとえ部下なりとはいえ、ほしいままに三名の人命を殺《あや》めたるとき、相当の理由あったならばなにゆえあって届けいでなかったか」

これには芹沢もグッとつまった。ついにもうし開きがたたないためけっきょく死刑を言いわたされ牢屋へさげられた。いかに尽忠報国の士でも法には勝てぬ。入牢した芹沢はここに絶食してあい果てんと決し、日ごとにさしいれられる握飯《にぎりめし》をば見むきもせず、塵紙を張りついで右の小指を食い切り、流れる血汐で、

雪霜《ゆきしも》に色よく花の魁《さきが》けて
　散りても後に匂ふ梅が香

と辞世をしたため牢格子のまえへ張りつけて坐禅をくみ死期を待った。

当時武田耕雲斎は京都におり芹沢の入牢を聞いて勅命を乞いたてまつり、いっぽう清川八

郎の献策が用いられて勤王の士の罪をゆるすと大赦の令が布かれた。そこではからずも恩命にせっした芹沢はただちに郷里に帰り、両親や妻子に面会していよいよ勤王のことにつくさんと決心し、名も居村の芹沢をとり鴨とあらためて天狗隊時代の同志新見錦、野口健司、平山五郎、平間重助などとともに江戸へ出立《しゅったつ》し、山岡鉄太郎を訪れたが、おりからかの羽州の傑士清川八郎がさかんに尽忠報国の士を募り、近藤勇その他の志士も馳せ参じていたさいちゅうであったので、すぐさまこれに応じ京都へのぼることとなったのである。

永倉新八がはじめて芹沢鴨を知ったのは浪士一同が伝通院境内学習院集会のさいで、巨魁《きょかい》清川八郎もかれには一歩をゆずり、おおぜいからは先生先生とよばれていた。それほどの才幹で国家有事の秋《とき》にむざむざと横死したことはかれ自身のみでない、国家的損害であるとは当時心あるものの一致するところであった。

薩長大藩権勢争い、七卿落ちと都の警護

近藤勇が新撰組を掌握してから隊長として辛辣な腕をふるったのはおもに長州の志士を相手として活躍したときであった。そのころの時勢は京都を中心として薩長、会津の勢力争い

で朝廷における権勢の消長からいくたのはらんをかもし、新撰組は会津藩の命のままに巡邏《じゅんら》を名として諸藩の動静をさぐり幕府に不利なものとわかれば暗殺、捕縛と高圧手段を加えたので近藤以下の浪士はそれら志士の怨府《えんぷ》たるありさまであった。

しかるに朝廷は島津侯が入京して朝幕の合体を唱えれば、これにより薩の勢力が宮中にはびこったが、また毛利侯が入京して攘夷を唱えればただちにこれにかたむき、長州の勢力は薩摩の勢力を駆逐しようとする。会津もそのあいだに介在して勢力を失墜すまいとあせる。文久三年五月姉小路少将が暗殺されるや、朝廷は薩人田中新兵衛の所為《しょい》であるとなし島津侯の宮門宿衛をやめ毛利侯にかわらしめた。すなわち薩州の信用が朝廷におとろえたのである。両家はそのときまで提携して事をおこなっていたが、こうなるやいなや犬猿の仲あいとなり毛利侯は三条らの朝廷有力の公卿とむすび外虜親征《がいりょしんせい》の議を唱えてその声望朝廷を圧した。

ところで会津侯は京都守護職の大職をおびていたが、両藩の権勢を観望して毛利家のとうてい幕府に不利なるをさっし、やや失意の薩摩島津家とむすんで毛利の勢力を殺《そ》ごうと謀《はか》った。すなわち八月十八日のあけがた、中川宮を擁《よう》して会津の兵をもってこれを衛《まも》りとおして宮内《ぐうない》に参内《さんだい》し、

「長、人事を親征にたくし乗輿《じょうよ》をようして乱をなすの陰謀あり」と奏上したのである。

計略ははたして図にあたり、にわかに毛利家の堺町門の警衛をとき会津と薩州の兵をもってこれにかわらしめ三条卿らの国事係の朝参をとどめ、かつ「外夷親征は聖意でない、無謀暴臣の朝命を矯《たむ》るところである」と中外に宣示《せんじ》したので形勢たちまち一変、毛利家の声望は急転直下に失墜し恨《うらみ》をのんで帰藩するのやむなきにいたった。

これ有名な七卿落ちの悲劇がおこなわれたさいで、毛利侯ひきあげとともに三条中納言、東《ひがし》久世《くぜ》少将《しょうしょう》、錦小路《にしきこうじ》右馬頭《うまのかみ》、西三条中納言、沢主人正《さわもんどのしょう》、壬生《みぶ》修理大夫《しゅりだゆう》、中山大納言の七公卿が天誅組に警護され、桂小五郎（後の木戸孝允《きどこういん》）、坂本竜馬、江藤新平、平野次郎など有名な志士とともに甲冑《かっちゅう》に身をかためひとまず大和の十津川《とつがわ》へ引き揚げた。

当時新撰組には芹沢鴨の存世ちゅうで、そんなことともしらずにいると、会津藩の公用方野村佐兵衛から壬生浪士一同へ達しがあった。それは、

「このたび長州藩京都ひきあげにさいし、新撰組は御所へつめ、それぞれ指揮にしたがって警備いたすべし」というのである。

芹沢はただちに隊員を集めて八十名を二列とし、先頭には六尺四面の大旗――旗は赤地に白く『誠』の一字を染め抜いたもので、これを押したててどうどうと御所をさして乗りこんだ。まもなく蛤《はまぐり》御門《ごもん》へ着くとそこは会津藩のかためるところとなっていたが、藩士は新撰

組ともしらず、槍や鉄砲の垣をつくって浪士一同を通しそうにもない。

いかめしき甲冑姿、新撰組へ長の刺客

御所固《ごしょがた》めの藩命に出向《しゅっこう》した新撰組の隊員が蛤御門へさしかかると御門固めの会津藩士が甲冑いかめしく、なかにもまっさきにすすむ芹沢鴨、近藤勇、新見錦の三人の眼のさきへ槍の穂先きをひらめかし、

「なに者だ、名のれ名のれ」と、どなった。その見幕に近藤と新見は思わずタジタジとしたが、芹沢はさすがにへいぜんとして、

「拙者どもは会津侯おあずかりの新撰組壬生浪士なり、無礼して後悔あるな」と大音声《だいおんじょう》に答えた。しだいによっては腕ずくでも通りぬけんと身構えして殺気だつところへ、おりしも公用方の野村佐兵衛がかけつけて、

「これはこれは芹沢先生、拙者の落度《おちど》でいがいのご無礼つかまつった。仔細ございらぬによってお通りくだされたい」と野村は藩士をいましめて案内させる。やがて新撰組は御花畑《おはなばたけ》をかためることとなった。

そのとき諸侯は九門をかためることをうけたまわり、御所だけは会津、桑名、一ツ橋が警衛しており、もし長州藩にしてひきあげにさいし不穏の挙動あらば有無をいわさずいっせいに攻めかからんという気勢をしめしたので、長州藩の不平連も手がだせず、ぶじに引き揚げてしまった。手ぐすね引いて機会を待った新撰組もあっけなく屯所へ引き揚げたのである。これが芹沢鴨がさいごの舞台で、それから三日ほどたってまえにのべた横死を遂げたのである。

かくて新撰組は近藤の掌中に帰し同時に長州藩志士の怨府《えんぷ》となって、かれ近藤勇の一味が京都にはびこっているあいだは京都に事を挙ぐるに不便なりとにらんだ。そこで桂小五郎は同志の御倉伊勢武《みくらいせたけ》、荒木田左馬之助、越後三郎、松井竜次郎の四名をえらんで決死の刺客となし方略をさずけてしのびしのび京都につかわした。

右の四名ははるばるの道中を離ればなれに京都に着いて八月二十五日壬生村の新撰組屯所におもむき、隊長近藤勇に面会をもうしこんだ。勇は心おきなく面会して、

「いかなるご用でござるか」と聞くと、四名の志士は、

「われわれ四名のものはもと長州天誅組の同志でござったが、勤王の議論についていささか異論をつかまつり脱藩して上洛したものでござる。うけたまわるに新撰組はだんだんと勤王

論に尽瘁《じんすい》いたさるるとのこと、ねがわくばわれら四名をも加盟させていただきともに勤王のことにつくしたき趣意でまかりこしてござる」とのべた。しかるに近藤は何気ないていで即座に四名の加盟を許し、島田魁をよんで、

「きょう四名の志士が加盟した。よろしゅう案内せられたい」とて前川荘司の屯所へ案内せしめた。そのうしろ姿を見送った近藤の眼中に異様のひらめきがあったとは四人はもとより心づかぬ。時をへて近藤は永倉新八以下四人のものをよんで、

「ごゆだんめさるな」と、力をこめて念をおした。
二、三日して新入の四名をまねき隊長近藤からあらためて国事探偵の職をさずけ、当座の手当として金百両をあたえ、
「隊には制服もござればさっそく調《ととの》えられるようにいたされよ」ともうしわたした。門限の自由にゆるされるなど四人には破格の待遇をあたえたのである。

四名の刺客祇園へ、永倉危難をまぬがる

長州の志士御倉、荒木田、越後、松井の四名が首尾よく新撰組にもぐりこみ、近藤以下の

邪魔者を刺そうとつけねらうと、新撰組のほうでもこやつうろんなやつとゆだんせず、なかにも隊長の内命をうけた永倉新八その他の密偵はかれら四名の挙動を監視してすこしあやしいとみれば委細を隊長に報告し、「けっしてごゆだんめさるな」と注意する。だんだん日かずがたって九月二十五日、右の四名が公卿大原三位邸へいくといってでかけた。そこで永倉も中村金吾をともなって同行することとなりついていくと、大原邸へはおもむかず、とちゅうの池亀という料理屋へあがって酒を飲みはじめた。

永倉もいっしょに飲んでいるうちに志士らはひとりへりふたりへってついにみんなどこかへ消えてしまう。不審に思って永倉が便所へいくふりして下座敷へおりていくと、ある一室に八人ばかりの見知らぬ侍がおり、まえの四人もまじってなにごとかひそひそと語りあっている。さてはとうなずいて永倉は足音をしのばせてもとの座敷へたち帰り、待つまほどなく四人のものはなにくわぬ顔して座敷へもどってきた。そしてしきりに酒をすすめる。

「永倉氏《うじ》、マ、マ一献まいろう、中村氏は隊へ帰られてはどうじゃナ」と心ありげにいうが、永倉は笑いにまぎらしている。とかくするうちに一座はこれから祇園へくりこもうというので、一力《いちりき》に登楼し陽気にさわぐうち、荒木田左馬之助が、

「さァさァ諸君、大小をはずして楼主へあずけよう」と言いだした。

永倉は不審に思ったが、なにほどのことやあろうと言うままになり腰のものを手わたしていよいよお退《ひ》けとなり、永倉は二階、中村は下座敷へ別れる。なかにも永倉の座敷は一方にだけ出入口があっていかにもふつごうな部屋、ことには無手《むて》であるから、もしきゃつらが斬りこんできたら手許にとびこんで、あいての剣をうばって戦うよりほかにみちがないと思いさだめ、わざと酔ったふりして寝ている。

ところがかれこれ丑満《うしみつ》（三）刻《どき》と思うころ、下座敷に寝たと思っていた中村がそっとあがってきて、

「永倉氏、どうもがてんがいかぬ、ごゆだんなされぬよう」と注意していく。ほどなく巡邏にでた沖田、井上、原田、藤堂、島田などの同志が十人ばかり心配して一力に立ちより、「永倉ぶじかの、あの四人のものはかならず隊につれもどってくれ」といっていってしまう。こんなうちに中村がふたたびやってきて、

「四人の連中は池亀で見た七、八人の侍といっしょになって尊公を暗殺しようと相談している」とつげた。

その相談というのは、なんでも一力へめいわくをかけぬよう、外で殺《や》ろうというのらしい。永倉も決心していつでもあいてになろうと腹をきめ、夜の明けるのを待っていると、四名の

ものがドヤドヤとはいってきて、
「永倉氏もう夜が明けた、サァサァ帰ろう」とうながしたてる。やがて一同外へでて気をくばって歩くうち、四名の志士はときどき斬りかかろうとするが、なにぶんにも人通りが多いのでトウトウ手をくだせず壬生村へきてしまった。

長州の志士刺さる、新撰組恩賞にあずかる

隊長近藤勇は副長土方歳三とともに四名の長州志士を隊内にとどめ、かれらの動静によって京都の市中に潜伏する長州不平党の所在を探知し、のこらず殺戮《さつりく》しようとはかったのである。しかるに九月二十五日の夜、永倉新八と中村金吾の両人を祇園一力で刺さんとしてはたさなかったという報告を聞いて、「かれらをこのままにはすておけぬ。そくざに殺してしまえ」と近藤は永倉に命じたので、新八はおうとばかりに立ちあがり斎藤一と林信太郎の両人をしたがえて、まず前川荘司方にいる御倉伊勢武と荒木田左馬之助をねらった。

おりからこの両人はかかることとは夢にも知らず髪結をよんで縁側のほうへむかってなに心なく月代《さかやき》をしている。永倉はただちに両人のうしろへまわり無言のまま斎藤と林を見返っ

て眼であいずをすると、斎藤は御倉のうしろにまわり林は荒木田のうしろからいっせいに「ヤッ」とかけ声とともに脇差の柄もとおれとつっこむと、両士はキャッとさけんで腰の小刀に手をかけたまま即死した。驚いたのはふたりの床屋で、サッとほとばしる血潮をあびて自分たちが刺されたとでも思ったのか、その場に腰をぬかしてしまう。これと同時に沖田総司は藤堂平助をしたがえて別間の越後三郎と松井竜次郎をうちとらんとしてふみこむと、はやくもそれとさとってか両人はいっぽうの窓をおしやぶり塀を乗りこえて逃げだした。

このときまで永倉新八は知らなかったが、なおこのほかにも隊内に長州藩の間諜《かんちょう》がおったことがわかったものとみえ、沖田が大刀をひっさげて、

「屋内にかれらと同意のものあらん、かたがたゆだんめさるな」と大音によばわると、いがいにも楠小十郎、松永主計の両名が血相変えてとびだした。

「それ逃がすな」と屋内の同勢がおっかける。なかにも原田は飛鳥のごとく楠のあとを追ってなんなくつかまえたが、井上源三郎の追っかけた松永は一生懸命に韋駄天走り《いだてんばし》でようやく追いつけぬので、井上は、

「えい、めんどうナ」とさけびざま腰の大刀をひきぬき、なおも追いすがってうしろから斬りつけたが、松永はどこまでも運がよかったか、うしろに縦一文字に軽傷をこうむったばか

り、とうとう逃げのびてしまう。こちらは捕縛した楠小十郎をひったて隊長近藤勇の面前へつれていこうとするとかれこれと抗弁してきかぬ。癇癖《かんぺき》強い原田左之助がそれとみて眉をキリリとつりあげたとみるまに、腰をひねって水もたまらず小十郎の首を斬って落とした。桂小五郎の苦心もかくして水泡に帰したのである。

これよりさき長州藩京都ひきあげにさいし、新撰組の行動機宜《きぎ》をえたとあって、将軍家から恩賞の沙汰があった。すなわち組の隊長は大御番頭取《おおごばんとうどり》とよばれ手当てが月に五十両、副長は大御番組頭でおなじく手当てが四十両、副長助勤は大御番組といって手当てが三十両、以下の同志もそれぞれ名称と手当てを付され、平組員でさえ大御番組なみとよばれ月の手当て十両ずつ給されることとなった。ことに京都府中に横行する浮浪の徒取締方を命ぜられるのみか、斬りすて御免の特権さえあたえられたので京都大坂にひそむ志士は、新撰組の隊長をおそれること鬼神のごとく威勢りゅうりゅうたるありさまとなった。

青葉若葉の夏のはじめ、御所焼き打ちの大陰謀

新撰組に多事なりし文久三年もすぎて年号は元治元年とあらたまる。さらにだに、はぶり

のよい新撰組は前年の秋幕府から格をつけられ、斬りすて御免の特権をゆるされてからはいっそうの威勢をくわえ府内の警邏《けいら》から取締りがいとど厳重になった。

花の春も暮れて青葉若葉の影がなつかしい夏のはじめのころである。新撰組からかねてはなった手先から府中に長州藩の志士が変装してだいぶ入りこんできたことをしきりに報ずる。なかにも四条寺町に馬具屋を渡世とする近江屋という長府生まれの商人のもとへは七、八名の長州人が雇い人の風采をして潜伏しておって、よういならぬ謀計《はかりごと》を企てているらしいことが判明した。これは例の桂小五郎の同志として有名な長州の志士古高俊太郎を中心とする倒幕の決死の一団で、朝廷における毛利侯の信望をどうにかして回復し、ふたたび長州の天下として国論を左右したいとの一念から京都へしのびこんで機運の熟するのを待っていたのである。

そうと知った新撰組は、さてこそござんなれと六月の五日、沖田総司、永倉新八、原田左之助、井上五郎をはじめ二十余名の隊員がふいに近江屋の表と裏の入口を襲いいっせいに捕縛せんと、同時に踏みこんだ。長州の志士もさるもの、かねてかくあらんとかくごしていたものとみえ抜け道をもうけておいたので、すわというまにかくれてしまい、とっさのばあいになにか秘密書類を火中に投ずるひまに逃げおくれた古高俊太郎だけを捕えた。一同はなおも十分に家探しをしたが、もとよりおるはずがない。そこで土蔵に封印をほどこして古高をひったてて壬生の屯所へ引き揚げた。

近藤隊長はみずから古高を調べたがすでに死を決して上京したほどのかれとてなんにもいわぬ。打って打って背部がやぶれても眼をつぶって歯を食いしばり気絶しても口をひらかない。副長の土方歳三もほとほと手にあまし、いろいろ工夫した結果、まず古高の両手をうしろへまわしてしばり梁《はり》へさかさにつるしあげた。それから足の裏へ五寸釘をプツリととおし百目ろうそくを立てて火をともした。みるみるろうが流れて熱鉛のようにトロトロのやつが古高の足の裏から脛のあたりへタラタラとはっていく。このしつこい残忍な苦痛にはさしも決死の古高もさすがにたえかねたとみえ、小半時《こはんとき》ばかりもだえ苦しんだすえようやく口をひらいて同志の秘策をもらした。

それはおなじ六月二十日を期し、長州から桂小五郎と同行して上京した志士一同は某《なにがし》の時刻をあいずに御所に火をかけて焼き打ちを開始し、その混雑にまぎれて島津侯と会津侯を君側からのぞき、おそれおおくも聖上の長州ご動座をうながしたてまつるという陰謀である。

「さァそれからいかがいたした、同志のものはどこに潜んでいるかありていにもうせ」とせきたてられて、古高はむねんの歯をかみしめつつ自白するところによると、祇園通りの町家にやとわれているものは大部分長州人で、三条通りの旅宿に膳所《ぜぜ》藩とか、水口《みなくち》藩とかいう札をかかげて泊っている侍も、大部分は長州人とこのたびの陰謀の同志であるというのであった。

さしもの近藤もこの陰謀にはおどろいた。

維新史にのこる活劇、池田屋襲撃の顚末

長州の志士古高俊太郎の自白をきいて新撰組の隊長近藤勇はさすがにぎょっとした。いまは一刻もゆうよならずと事件の顚末を会津侯へ届けいずるとともに、そくざに隊員を招集して制服の浅黄地の羽織を着せ、着こみまで用意して十分のしたくにおよぶ。会津藩からはなにか沙汰があるかと待ったがよういに指図がこない。が、夕刻にまず町会所へぜんぶつめて古高の自白どおり長州人を狩りたてようと手をわけてかたっぱしから調べていく。祇園通りから三条通りとすすんでいったがひとりも見あたらない。ところがふと三条小橋のあたりの池田屋惣兵衛方をのぞくと、はたして二十余名の長州志士がより合ってなにごとか凝（擬）議のさいちゅうであることがわかった。

この日陰謀の同志、吉田稔麿《としまろ》、北添佶麿《きたぞえきつまろ》（摩《ま》）、宮部鼎蔵《みやべていぞう》、松田重助などが古高俊太郎捕えられたと聞いておおいにおどろき、回状をもって池田屋に同志を集めこれが善後策にふけっていたのである。そして大部分は古高が決死の一人《いちにん》であるからけっして同志の行動を自白などはいたすまいということに一致し、やはり予定どおり二十日をもって大事決行と相談のさいちゅうであったのだ。

こちらは近藤勇、隊員を二手にわかち、池田屋の表口と裏口をかためさせ、屋内へは隊長近藤がさきに立って沖田、永倉、藤堂の三人をしたがえてツカツカとすすむ。このとき三条小橋のあたりは鴨川の涼風によりつどう人おおく京の街は灯影《ほかげ》涼しくまだ宵の口のにぎやかさ。往来のたえやらぬ人びとはいましも後年まで幕末史をひもとくものをしてりつぜんたらしむる池田屋襲撃がこれからおこなわれようとは知るよしもなかった。

行灯《あんどん》の影にすかせば軒下に鉄砲と槍が十挺ばかりたてかけてある。それを見た沖田は、てばやく縄をもってひっからげる。近藤は玄関からどうどうと、

「主人はおるか、ご用あらためであるぞ」と声をかけ八方に眼をくばってあがりこむ。亭主の惣兵衛はやはり長州の生まれでつねに長州藩の同志を得意として世話をするもの、それとみるよりおおいにおどろき、梯子段の所へかけつけ大声で、

「みなさま旅客調べでござります」とみなまでいわせず、うしろから近藤が大力の拳固《げんこ》で張り飛ばしたので惣兵衛はその場に気絶した。

二階には長州の同志二十余人が車座になって協議のおりしも惣兵衛の声に、「さてはッ」と目と目を見あわせ、「もはやこれまで」といずれも抜刀して斬りまくらんず気配をしめす。階段の上にたった近藤勇はそれとみて炬《きょ》のような大眼をかっと見ひらき、

「無礼すまいぞッ」とにらみつけた。

そのいきおいにのまれてか抜刀をひっかついだまま、二十余名の志士は身をおどらして屋根から飛びおり、中庭のあっちこっちと逃げまわったが、階下には沖田、永倉、原田の三人がひかえててむかうものは斬りすてんと身構える。ジリジリ剣をむけたまま、ひとりの志士が沖田へむかうとたちまち二、三合して沖田に斬られる。表と裏がかためられたと知って長州の同志はひろくもない屋敷内を逃げまどうたが、このとき会津、桑名の両藩から人数をくりだして池田屋を遠巻きにしたようすに、二十余名の同志はここに窮鼠《きゅうそ》かえって猫を嚙むの形で、猛然として大刀をふりかざしてむかってきた。

永倉健闘殊勲のこと、沿道は数万の人垣

このとき裏座敷には近藤勇と沖田総司、表座敷には縁側に永倉新八、藤堂平助がひかえ、必死となってむかってくる志士を斬りすてんと身をかまえる。おりしもひとりの志士が逃げていったのを永倉が追いかけていく。ところが表口には槍術の達人谷三十郎、原田左之助の両人がよらば刺さんとかまえているので、右の志士はひっかえしてきて永倉に立ちむかった。

敵は大上段にふりかぶって「エイッ」と斬りおろすを、青眼にかまえた永倉はハッとそれをひきはずして、「お胴ッ」と斬りこむと、敵はワッと声をあげてそのままうち倒れたのでさらに一太刀を加えて即死せしめ、ふたたび縁側にかけ戻り、敵やあるとみるまにまたもひとりの志士が表口へ飛びこんでいくと、待ちかまえた谷の槍先に突かれてあとずさりするところを追っかけていった永倉が一刀のもとに切り殺す。こんどは縁側伝いに雪隠《せっちん》へ逃げこもうとする敵を見つけた永倉が、うしろから矢声とともに斬りつけてこれも即死した。

そのとき藤堂はと見返れば、ふいに物陰からおどりだした敵に眉間を割られ流れでる血が眼にはいってひじょうになんぎしているようす。それとみて永倉は撃剣の加勢でもする気で

横合から敵に、
「お小手《こて》ッ」と右の小手をのぞんで斬りこむと、敵もさるもの、「そうはいかぬ」とうけ流し、こんどは藤堂にはかまわず永倉へ斬ってかかる。これはなかなか撃剣《うで》ができるものとみえてよういに永倉を斬りこませない。両人とも必死となって奮闘したが、なかにも敵の刃先が永倉の胸のあたりへスッスッとくるので、傷こそうけぬが永倉の衣類がさんざんに切り裂かれたという。かかるおりしも敵は「ヤッ」と一声小手にきたのを永倉はひきはずし得意の面を試みると、敵はみごとに左の頬から首へかけて切りさげられ血煙立ってうち倒れた。そこでふたたび刀をとりなおし、さいごの一太刀を加えたさい、土間は漆塗《たたき》になっていたので剣はポキリと折れてしまったから、そばにすててある敵の刀をひろって起きなおるとき、ふと自分の左の手がベトベトするに気がつき、よく見ると親指の付け根の肉を切りとられていたのであった。

そうこうするうちに沖田が大奮闘のさいちゅうに持病の肺患が再発してうち倒れたので、眉間に負傷した藤堂とともに表へだしてしまう。のこるは近藤と永倉のただふたり。このとき近藤は四、五名の志士をひきうけて奮闘をつづけていたので永倉の悪戦苦闘を救うことができぬ。とかくするまに隊長の身のうえを気づかって原田左之助、井上源三郎、武田観柳斎

永倉新八らが激闘した池田屋２階部分（古写真）

などが屋内へやってきて、家探しをはじめると、八名の志士は刀を投げだして捕虜となる。二階の梁《はり》の上を歩くものは井上が突き刺してしまう。表口から五人ばかり逃げだしたのは会津、桑名の手で斬り伏せられる。

すっかり形がついてから近藤勇は隊員を二列としてひきあげたが、このさい壬生村までの沿道は数万の人垣で雪崩《なだれ》をうち、藤堂は釣台《つりだい》で永倉は敵の血汐を全身にあびたままものすごいありさまで、人びとのたちさわぐなかをゆうゆうとひきあげた。噂は数日にわたってやかましかった。新撰組へはこの事件で朝廷から百両、会津侯から五十両下賜され、近藤以下の勇士をあつくねぎらった。

惨たんたる池田屋跡、捕縛した志士処分

無類の惨劇を演じた三条小橋の池田屋の跡はじつに惨たんたるものであった。襖障子などは一枚としてまんぞくなものがなくこっぱみじんにうちこわされ、天井板はその上に隠れたものがあったのを下から槍で突きあげたからこれもさんざんに裂き砕かれた。階上階下の座敷のいく間は鮮血斑々として畳を染め、ことにむざんなのは斬りおとされた腕や足が狼藉として散乱し、毛髪のついたままの鬢《びん》などが切り殺《そ》がれて落ち散っているのであった。

座敷はこんなにあらされたうえに家の者は主人惣兵衛をはじめ下婢下男にいたるまでひとりのこらずその場からひきあげられてきびしい呵責《かしゃく》をうけ、逃走した一味のものの姓名をきかれただされる。当日斬り殺された死者の屍は三縁寺へ運び、だれがだれやらわからないためそのままにつみかさねられ、数日ののちにいたって池田屋の家の者を現場にひきだし死者の名を判別させた。その後池田屋の亭主惣兵衛は苛酷な拷問にたえずついに獄中で斃死《へいし》した。

捕われた志士の末路もまた悲惨なものであった。かれらははじめ捕われるとともに一同は新牢へ投《ほう》りこまれたが、あとで対の間にうつされる。西川正義という志士は懐中に「姦魁某《かんかいぼう》

したもので、この斬姦状《ざんかんじょう》は土佐の本山七郎にたのまれて書いたと西川は白洲《しらす》でもうしたてたそうである。

惨劇にさきだって捕縛された古高俊太郎は十二日におなじ牢獄へ廻されてきたが、さすがに自分が口をひらいたばかりにおおくの同志があるいは殺されあるいは捕われたのを知ってふかく慚愧悔恨《ざんきかいこん》の色あり憂鬱のまに日を送ったそうだ。同人は翌七月の兵燹《へいせん》のときに斬られたが、西川は翌年、すなわち慶応元年二月十日獄中で病死をとげた。これら志士の陰謀は裏面には有力な他藩および在野の有志があって、けっして長州有志のみの妄挙《ぼうきょ》ではなかった。事件がみぜんに発見されたので維新上の小瑣事《しょうさじ》としてほうむられたけれど、もしこの陰謀党の成算が熟して爆発したならば、すくなくも維新の大局は一年はやくさだまり、また池田屋の襲撃に新撰組が大勝をしめなかったならば、徳川幕府の寿命が同時にそれだけちぢまっていたわけである。

さてこの事件あっていらい、長州藩その他の人物で、すこしでもあやしいとみとめられた浪士はようしゃなく捕縛され、京都六角《ろっかく》の牢獄はために空房がない。しかして、そのおおくは七月の兵燹《へいせん》のさいに斬首されてしまった。いずれもろくに取り調べもうけずにむざんのぎせいに供されたのは気のどくである。こちらは新撰組、今回の大奮闘にもっとも健闘した沖田総司、藤堂平助などの負傷者をあつく介抱しまもなく回復したが、殊勲の永倉新八の負傷もかるかったので日ならずして平癒した。かくてひきつづき残党の追捕のことにしたがい、あいかわらず京都府中たると府外たるとをとわないで奔走した。

［解説③］　死と隣り合わせの五時間

新選組は近藤派と芹沢派との間で軋轢が生じた。京都守護職からも芹沢派の行動に指導が入り、土方は綱紀粛正を断行し芹沢派を粛清した。

このころ、新選組は隊士増員を図り、五十人の大所帯になっていた。

文久三年（一八六三）、八・一八の政変で三条実美《さんじょうさねとみ》ら七卿が長州へ都落ちし、市中には町屋に身を潜めた長州勢の残党が密会を重ね、討幕の機運をうかがっていた。新選組は市中巡邏《じゅんら》を強化し、志士狩りのため探索していた。そこに不穏な動きをする商人がいることをつきとめたことが、事件の発端となった。

元治元年（一八六四）六月五日、三条小橋の旅宿「池田屋」で志士らが密会中に新選組数名が斬り込んだ。新選組の名をとどろかせた「池田屋騒動」である。

志士のアジトになっていた「桝屋」の喜右衛門こと古高俊太郎を新選組が「島田魁・浅野薫・山崎烝・川島勝司がこれを探索し」（島田魁日記）捕縛した。『新撰組顚末記』では、探索したのは沖田・永倉・原田・井上ら二十数人としており、古高の家に踏み込んだという。

近藤が古高を訊問したが自白しない。そこで土方が前川邸の土蔵で拷問にかけるとついに自白した。二十日ごろ、強風の日に御所に火を放ち、孝明天皇を奪って長州へ連れ去るという陰謀だった。

この報告に驚いた京都守護職・松平容保は、新選組に出動命令を出した。

新選組は近藤隊と土方隊の二手にわかれて探索した。近藤隊は高瀬川沿い、土方隊は祇園から鴨川東側をくまなく探したが、志士らに出会わなかった。

「六月五日夕七ッ時（午後四時）より会津、彦根、松山、浜松、桑名の五藩、外に壬生浪士（新選組）、その外町与力、同心、三条小橋辺より上は二条通、下は松原辺まで、所々に御人数四五人、また五六人づつ何となく問合わせ等いたし居候様之体」（時勢叢談）とあり、会津藩などとも捜索したが、なかなか志士の居所をつきとめられない。

近藤隊は、ついに志士らが池田屋で密会しているという情報をえて、たった四人で踏み込んだ。池田屋の主人に近藤は「御用改めであるぞ、手向かいするにおいては容赦なく斬り捨てる」と大声を発した。最近の発見史料には「此の方御上意と大声で踏み込んだ」（維新階梯雑誌）とある。徳川の威光をかりた言葉で注目を集めているが、明治以降の会津松平家の編纂で真偽が判然としない。やはり現場にいた永倉の証言が真実味をおびている。

志士二十数人が総立ち、そのひとりが沖田に斬りかかってきた。沖田はすかさず一刀のもとに斬り伏せたが、持病の肺結核で血を吐き、引き揚げた。近藤も何度か斬られそうになっていた。近藤の「今宵の虎徹《こてつ》はよく斬れる」の名言は、どうやらまやかしだったのか。この虎徹は偽物というが、この刀は鴻池からもらったという。鴻池ならば大名貸し金融商だから偽物を扱うとは思えない。とにかく、近藤はこの虎徹でよく凌いだ。そこへ土方隊が到着し、志士らは池田屋から次々と逃げ出した。池田屋周辺は戦場さながらとなった。

池田屋の五時間におよぶ戦闘は、永倉ももっとも記憶をよびおこしたようで、リアルタイムの出来事のように語っている。永倉自身、七カ所の手傷を負いながら戦い抜いた。

新選組は幕府から感状と褒賞金を賜わったが、新選組も三人の闘死者を出している。

禁門の変——

長州兵三百名上洛、京都戦雲にとざさる

毛利氏が会津、薩摩との勢力争いに負けて禁裏守護職をやめられ、かつ藩の有志が数度の密謀の企図も中途に発覚して長人の影を京洛に絶つにいたるまで勢力を失い威望を落としたので、長藩のふんがいは頂点にたっししばしば勢力挽回の策を講じ、いっぽうには朝廷に上書して冤《えん》を訴うるところあったが一も採用されず、さいきんの御所の焼き打ち、聖上長州御動座の陰謀もかの池田屋事件で水泡に帰してしまったので、このうえは非常手段を用いてまでも君側の姦《かん》を一掃せんと藩の老職宍戸《しし ど》備後《びん ご》、益田右衛門介、真木《まき》和泉《いずみ》、福原越後などが藩兵をひきいて大挙上洛した。

これまでの新撰組の経歴は府中の巡邏、浪士等の逮捕などにすぎなかったが、このたび長州勢が禁闕《きんけつ》を犯さんとして上洛するにあたり、会津、薩摩の軍とともに出陣し近藤勇がその将帥《しょうすい》として抜群の働きをした。これ永倉新八が実戦にのぞんだ第一歩なのである。

ときに元治元年七月、京都には注進織るがごとくに飛んで、長州勢の動静が手にとるようにわかる。洛中洛外はにえかえるようなさわぎであった。すでにしてその月の二十五日、長

州勢はぞくぞくと上洛し嵯峨の天竜寺には宍戸備後、国司信濃の両人が侍大将として百名の藩兵をひきいて陣取り、天王山には益田右衛門介、真木和泉の両人が侍大将としてこれも百名の兵をひきいて陣取る。伏見には福原越後がおなじく百名の兵をひきいて陣を取り、京都の要路を扼《やく》してものものしくかまえた。

こちらは京都守護職の会津藩、薩摩勢と連絡をとっていつでも長州勢と戦端を開きうるように準備されてある。まず会津藩では神保内蔵《じんぼくら》が侍大将として軍事奉行の林権助を参謀長に藩兵二百名をひきいて葵《あおい》の定紋《じょうもん》を染めぬいた旗をたてて銭取橋《ぜにとりばし》をかためる。また幕府の見廻頭取蒔田《まいた》相模守が組頭佐々木只三郎を参謀として幕臣三百名をひきいこれも銭取橋を守る。薩州勢は京都府内の御所付近から九門をかためて万一を警戒する。新撰組はというに隊長の近藤勇から沖田、永倉、井上、藤堂などの副長助勤までは甲冑に身をかため、隊員は例の浅黄地の羽織の制服をつけ総勢百名が会津藩に属して特殊の一隊となりおなじく銭取橋に陣取った。

両軍はこうしてにらみあっているうちに七月もすぎて八月となり、しかも形勢はこくこく険悪をつげ、どっちからか手をだせばいまにも破裂しそうなけはいが十分にみなぎっている。会津藩の傑物林権助は滞陣中に士気の頽廃《たいはい》をおそれてか、毎日、時をさだめて軍令状を読みきかせる。その要旨は、陣中にあるときといよいよ開戦の暁のこころえ、進退のかけひきなどであった。また先陣後陣と守備兵をわけて先陣は銭取橋の橋ぎわに、後陣は橋から約三町ばかり後方へおいて万一にそなえる。新撰組はつねに先陣にたって戦端開ければ第一の功名をせんものと赤地に『誠』の一字を染めぬいた隊旗をおしたてて異彩を放っていた。

長州井伊藩を襲う、福原越後のひきあげ

長州勢が嵯峨の天竜寺、天王山、伏見の三箇所に陣取ってあえて戦わず、あたら日をかさねているには理由があった。それは藩侯毛利長門守ならびに毛利淡路守の一行がおそくも八月二十二日までには着京してさいごの手段を講ずるという期待があったからである。幕府方でもそれと知って、もし両侯着京することとあればいよいよめんどうとなるによって、こっちから機先を制しぜがひでも長州勢をおいはらわんと方針を決した。

そこで八月の十日、大目付永井玄蕃頭《ながいげんばのかみ》が伏見の長州陣屋へおもむき、侍大将福原越後に面会し、

「嵯峨天竜寺、天王山、伏見の兵はなにゆえあって陣容もものしくひかえるや。是非の論

議はおってのこと、きたる十八日かぎりぜんぶをひきはらうよういたされよ」と談判した。するど福原は、長門守、淡路守両侯着京をみるまで踏みとどまろうという心底であるから、

「それでは二十二日までごゆうよにあずかりたい」という。

「それはけっしてまかりならぬ。もし十八日かぎりひきはらわぬにおいては兵力に訴えてもこのほうの要求を貫徹いたす」と玄蕃頭はがんとしてきかない。兵力の権衡《けんこう》を失う長州の福原はついにやむをえず、

「しからばよんどころござらぬ。ひきとるでござろう」と約束した。

ところが、当日になるもなかなかひきとりそうにみえない。新撰組は同夜伏見の長州邸を夜襲する手はずで、それぞれ準備していると幕府の本陣でしきりに法螺《ほら》の音が聞こえる。耳をすまして聞くとそれは寄せ貝だ。そこで会津勢も見廻組も新撰組もとりあえずかけつけてみると、形勢ははやくも開戦とさだまりなかにも大垣藩のかためる伏見稲荷の関門は激戦になりそうであるというので、会津藩の一隊は援兵をくりだせとある。やがて神保内蔵の手勢《てぜい》を半隊百五十名をさいて新撰組に合し、伏見稲荷の関門守備としてさしむけた。

これよりさき長州藩の福原越後は伏見奉行の林肥後守に、

「先日大目付よりこんにちかぎり伏見ひきはらいを命ぜられたについて、いよいよただいま

出発いたす。なにとぞ人馬の拝借を願いたい」ともうしでた。

林はこれを真実と思い、いうがままに人馬を提供すると越後は手勢を天王山にひきあげるとみせて伏見の関門をつき、彦根の井伊藩のかためを槍や鉄砲をむけておどしつけた。おどろいたのは小勢の井伊藩でひとたまりもなく逃げだして桃山へしりぞく。福原越後の心底では、この関門を通過して叡山へたてこもり、京都随一の食道たる江州米《ごうしゅうまい》の移入を扼止《やくし》して兵糧攻めにしようという作戦なのであった。

おりから銭取橋からくりだした会津勢と新撰組の一隊が急を聞いてかけきたり、ゆうゆうと関門を通過した福原越後の手勢をくいとめ、ふたたび長州勢を関門外までおいこむ。しかるに福原はなんとかして叡山を攻め落とそうとひきかえし、

「問答無益、あいさつは鉄砲でする」と、しばしがほどは揉みあったが、とかくするうち福原越後は流れ弾にあたって頤《あご》へ負傷したので逆襲もものにならず、ふたたび伏見へひきあげてしまったので会津勢と新撰組はひとまず稲荷の境内へひきかえした。

風雲すこぶる急である。

寺町御門で大混戦、会津侯危機をつなぐ

神保内蔵のひきいる会津勢の一隊と新撰組とが伏見稲荷の境内で勢ぞろいしていると、はるか御所のほうにあたって大砲の音が聞こえだした。なにごとならんと永倉新八と原田左之助が民家の屋根へあがってながめてるところへ、会津藩の公用方から急使がきて、「伏見はそのままといたし御所へむかうべし。御所はただいま大さわぎで危険にひんしている」という。

「それはけしからぬ」と神保の手勢はそくざに他の半隊たる林権助の手勢と合し、新撰組これに加わって御所にむかうと、松平越前侯のかためた堺町御門はさんざんに長州勢になやまされ御門ははや敵手におちいらんとしている。これをみるより救援にきた林、神保らのひきいる会津の一隊と、それに新撰組が加わって門の内外から長州勢を攻めたてたので、しばらくして長州勢は一時占領した御門をすてて寺町御門のほうへ退却した。

ところがその御門は細川越中守の手勢が厳重にかためていたので、逃げてきた長州勢はまったく挟《はさ》み撃《う》ちとなり大混戦となってけっきょく小勢の長州兵は全滅してしまう。ここで

新撰組は奮闘の疲労を休めるひまもなく会津勢と別れて堺町御門へひきかえしてきて、鷹《たか》司《つかさ》家の門前にさしかかると、屋敷内に二、三十名の長州兵がかくれているようす。それとみた新撰組の調役大槻銀蔵はいきなり御殿へ火をかけたので長州兵はおおいにおどろき、われさきに邸内をぬけだして蛤御門のほうへ逃げる。御門は会津勢の手でかためていたので、それとみて追いかけてきた新撰組とともにこれも挟み撃ちにし、またたくまに絶滅してしまう。

しかし長州勢は人数のわりあいには善戦した。なにしろ三隊四隊にわかれて京都のいたるところに出没し必死となって荒れまわるので、会津勢も幕兵も少々ならずなやまされた。

このとき会津侯松平肥後守は御花畑の旅館《やど》にあり、おりから枕もあがらぬ病気で床について苦しんでおったが、こくこくの形勢を聞きとって病になやむ身をば起きなおし、近侍に「剃刀《かみそり》をもて」と命じて髯を剃らせ、よろめく足を踏みしめて官服にあらため、乗馬にまたがって御所へ参内せんとした。ながの病苦に心身とも疲れはて、ややともすれば乗馬から落ちそうなので近侍のものは両方から侯の腰のあたりをささえ、公卿門から御所へはいろうと門のまがりかどへくると馬はピタリと止まった。近侍のものは不思議に思って、さらば南門へとひきかえし、ようやくのことで御玄関へ着くと、一ツ橋卿と桑名侯がでむかえた。

会津侯は両侯の肩にたすけられて御廊下をたどり拝謁《はいえつ》の間までまかりでると、このとき聖上にはかしこくも御所お立退きのご用意あそばされ、肥後守参内との奏上を聞こしめされてそくざに拝謁をおおせつけられた。会津侯は平伏したまま、聖上の御袖にすがり、

「禁闕《きんけつ》をさわがしたてまつれるだん、恐縮しごくにぞんじたてまつるが、臣、京都守護職に身を奉ずる儀にもこれあり、しばらく肥後におまかせあらんことをねがいたてまつる」と奏上した。聖上には肥後守の苦衷《くちゅう》を推察したまいてか、「しからば、ざんじ汝《なんじ》にまかすであろう」とありがたき御諚をくだしたまわった。


危機はこうしてつなぎとめたのである。

新撰組よく戦いて長州兵ついに潰走す

病苦をおして参内し京都守護の任務を遂行つかまつると、闕下《けっか》に伏奏《ふくそう》して勅諚《ちょくじょう》を拝した会津侯は、御前《ごぜん》をしりぞくや家臣を集め、

「君臣ともに討死をいたす」と布令をだした。一同はなみだをふるって感激し、

「君の馬前に死せん」とばかり、おおいに士気を振興した。

新撰組はこのとき公卿門をかためよとの命をうけたので、隊長近藤は副長土方とともに隊員をひきいて公卿門にはせむかわんとすると、御門前の日野大納言邸に長州人八十名あまりひそんでいると密告したものがあったので、副長助勤の永倉新八、原田左之助、井上源三郎の三名へ隊員二十名をそえて日野邸にむかわせた。とつぜん新撰組の一隊にとびこまれた長州人は一時はおどろきさわいだが、はては必死となって斬りこんでくる。半時あまりも追いつ追われつ邸内で戦ったが長州人は四、五名その場に斬りふせられ、その他は敵《かな》わぬものと逃げだした。このとき永倉は股《また》に原田は左の肩へ軽傷をこうむった。

またいっぽうには下立売御門《しもだちうりごもん》をかためていた松平美濃守の藩兵は、長州人にのっとられて言《い》い甲斐《がい》もなく敗走したとの注進に、門内からは会津勢、門外からは薩州兵が長州勢を挟み撃ちにし悪戦をかさねてついに奪いかえし、長州兵は大砲をうちすてて逃げのびた。かくて一時は優勢であった長州勢もかなたに破(敗)れこなたに走ってさんざんにうちなやまされて逃げ道を失い、大部分は京都市中の民間へ潜伏して死をまぬがれようとした。それとみた会津勢や幕府の兵は町家へ大砲をうちかけたので京都はたちまち兵燹《へいせん》につつまれ、炎々天を焦がして市街の大半を焼きはらう。長州兵はついにいたたまらなくなって洛外をさして潰走しはじめた。

会津藩兵と長州勢が激戦した蛤御門(京都市上京区)

かくて京都は多大のぎせいをはらって長州人の手からまぬがれたので余勢をかって長州勢を一掃しようということになり、まず薩州の侍大将西郷吉之助は兵をひきいて嵯峨の天竜寺にむかう。会津勢は新撰組と合して天王山へ攻めむかうこととなった。

会津藩の侍大将神保内蔵は軍事奉行の林権助、新撰組隊長近藤勇らとともに軍容をととのえ、隊伍どうどうとして天王山にむかった。先発の薩州勢ははや天竜山の長州兵を攻めて追いおとしたので、ここにはしなくも神保隊と挟み撃ちとなりさんざんにうちなやまされて天王山に追いつめられる。長州勢の運命はもはやここにいたってつきてしまったのである。

かくとみて長州の傑士真木和泉《まきいずみ》はおなじ老臣の宍戸《しど》美濃、国司《くにし》信濃、益田右衛門介らにむかってしいて帰国の決心をなさしめるとともに、藩兵一同にむかい、

「真木和泉はこの天王山において討死をいたすしょぞんであれば同志のものはのこってわれらと運命をともにいたすべく、しからざるものはいまから馬関へ落ちてふたたび兵を挙ぐるの用意をせよ」ともうしわたしした。かかるうちに宍戸、国司、益田の三大将は藩兵をひきまとめて丹波口から長州路をさして落ちていった。真木和泉と運命をともにすべく残存したものは二十名、もとより決死の勇士とて真木のさしずにしたがい、天王山を枕に討死の準備にとりかかった。

会薩兵天王山包囲、真木和泉の武者ぶり

長州勢が真木和泉以下二十名の決死隊を天王山にのこしてひきあげたとは知らぬ追手の勢、なかにも新撰組は連戦連勝の勇をふるって橋本口から淀川をこすときなど会津兵と先陣、後陣を争うて山崎へむかう。天王山の麓にある八幡の社へつくと境内に一門の大砲が弾薬とともにうちすててある。新撰組はただちにこれを占領して砲口を天王山にむけ、つづけざまに発砲して開戦をいどんだ。

このとき山下は会津薩摩の軍勢でとりまき備えをたてる。神保内蔵は薩兵を百名、新撰組からは隊長近藤がみずから沖田総司、永倉新八、原田左之助、井上源三郎以下五十名を引率し、おりからの炎天にいずれも甲冑をすてて身がるになり、山上めがけて進発した。

山ははなはだ高くはないが急峻な傾斜は登るに難《かた》いので山頂までの径路《みち》はさながら電光形《いなずまがた》に切り開いてある。攻撃軍はえいえいと声をあげてすすむと、径路きわまってまがる角に木砲と弾薬がすててあって付近に人影がない。さては長州勢山上に立て籠って一気に攻めかかる作戦とおぼえたり、かかれかかれと下知《げち》して攻め登り二、三丁して山上にたっするかと思

う箇所まですすむと、このとき山頂の一角に金の烏帽子《えぼし》をかぶった真木和泉が金切割《きんきりわり》の采配を右手にしてすっくと現れ、同時に二十名の決死の藩兵が和流の加重砲をもってズラリとい
ならんだ。そして和泉はきっと山下を見おろし、

「討手の勢はいずれの藩なるや、いざ名のったうえで接戦いたさん。かくいうそれがしは長門宰相の臣真木和泉である」と声をかける。こちらは会津勢のなかから神保が、

「それがしは会津藩神保内蔵」

新撰組勢からは近藤が、

「それがしは近藤勇」と名のりをあげる。すると真木は、よくは永倉らの耳にはいらなかったが、なにやら朗々《ろうろう》と詩を吟じおわって「エイ、エイーッ」と喊《とき》（鬨）の声をあげると、つづいて二十名の藩兵もワーッとこれにおうじ、同時に手にした鉄砲をいっせいに討手の頭上にあびせかける。このとき永倉は腰に井上は脛《すね》を射られて軽傷をうけた。「それッ」と両軍に「かかれ！」の軍令がくだってここに大合戦となり、長州勢も一時あまり奮闘したが、真木和泉は時をはかって、「ひけッ」と命令して陣小屋へかけこんだと思うまに小屋はたちまち火を発し、真木以下の勇士はことごとく火中に飛びこんで切腹してはてた。

「オオみごとのさいごなるかな」と会津藩も新撰組もいっせいにこれを賞讃する。なかにも

近藤は眼をしばたたいて真木の勇敢をほめてやまなかった。

火が鎮まってからこれら勇士の黒焦げの死体のなかに、直垂《ひたたれ》の袖の焼けのこりと、切腹のみごとなのを発見しこれが真木和泉であろうと丁重にとりあつかった。天王の社にいってみると米が三千俵と黄金三千両奉納してあるので、米は山崎の農民と八幡の社にわけ金子《きんす》は会津の手におさめる。同勢はすぐさま大坂へくだり長州勢の蔵屋敷を攻めて老人女子供にいたるまで捕えて町奉行へひきわたし、本陣を西御堂にかまえて長州勢の動静をうかがうと、ことごとく帰藩したことが判明したので京都へ引き揚げた。新撰組も八月二十五日壬生村へ帰って休養した。

六角の獄中大悲劇、三十三の英霊昇天

長州藩の犯闕軍《はんけつぐん》が蛤御門、堺町御門、中立売御門の三カ所でさいごの奮戦をおこなった八月十九日、兵火はついに京都市街の大半を焼きはらったことはまえに記したが、これら兵燹のために奇禍をこうむったなかに、六角の獄につながれていたかの池田屋事件の捕虜やその他国事に関係した志士義人はこの火のためにいまだ裁判さえ確定しないのに、いっきょ三十

三人まで刑戮《けいりく》せらるる悲しき運命におちいったのである。

当日の朝六角の獄からのぞめば東の方《かた》にあたって砲声がとどろき、吶喊《とっかん》の声がするとみるまに火が起こり、もうもうたる煙がたちあがってものすごい光景を現出した。同時にこの牢獄は幕兵二、三百の警戒するところとなり事態よういならずみえたのである。しばらくすると東方の火はようやく下火になったが、ついで御所ちかくに火が起こってすさまじい焔や煙が南にほとばしり、ますますひろがってものの焼けおちる音、砲声とあい和してひびきわたる。獄中の志士はさては長州勢が目的をとげて獄中に討ち入ったのか、なにぶんにも闕下《けっか》を焼くなどは不穏の挙動であるなどと噂しあった。

その日の夕暮には火の手が三条をすぎてますます猛烈をきわめ、夜にはいっては炎々天を焦がす火勢をながめて不安の一夜をすごしたが、二十日の朝になると煙が天地にみち、朝日の色は銅《あかがね》のようににぶい。このとき獄吏は所司代の銃隊が京中を巡邏するのを敵と誤認して警備の兵と右往左往にさわぎまわり、銃に弾丸《たま》をこめるやら抜身《ぬきみ》で獄外を走りまわるやらして大ろうばいする。

兵火はいぜん猛烈をきわむるその日の午後のことである。数人の役人が槍を手にし獄吏をさきに立てて獄房を調べはじめた。まっさき平野国臣《ひらのくにおみ》、横田精之《よこたせいし》、大村包房《おおむらかねふさ》、本多素行《ほんだそこう》などをひきだす。ついで彦山《ひこさん》の僧亮親《りょうしん》、乗盛《じょうせい》からおなじく国事に奔走して幕府の忌諱《きい》に触れた三条卿の大夫丹羽出雲守、西三条卿の大夫河村能登守などがぞくぞくと出房し、さいごに前月新撰組の手に捕われた古高俊太郎以下の長藩士のこらずで総計三十三名がひきだされた。ああこれらの志士がさいごのもようは悲絶惨絶、とうてい書くにしのびない。

ややありて平野国臣のろうろうたる辞世の詩が吟ぜられる。この朗吟がやむと刀声とともに断頭のひびきがあった。二人三人とたえまもない断頭の物音がついに三十三人にいたってやんだが、このとき暮色蒼然として四辺を籠《こ》めた。夜にいりて刑壇は人去り英魂は塵界より天に昇って護国の神となったのである。

六角の獄につながれた志士は勤王のこころざしあつい義人ばかりであった。幕府が長人の襲撃をおそれて倉皇刑戮《そうこうけいりく》してしまったのはおしみてもあまりあることである。これは余談であるけれどもかの池田屋事件の終末としてとくに付記しておく。

長人とあやまって傷つけ、壮士ついに花と散る

芹沢鴨、近藤勇以下の浪士が上洛し再度の組織で生まれた新撰組が、京の内外に威望をお

さめるまでにはすくなからざるぎせいと損失をはらった。ことに最初の長州犯闕事件で人員をうしなうこと些少《さしょう》ならず、さしもに精鋭な新撰組も隊員の不足にはひとかたならず弱って、会津藩から柴司《しばつかさ》、辰野勇以下十名の応援をさしむけられた。

それは元治元年の九月某日のことである。東山の『明保野《あけぼの》』という料理茶屋に長州人二、三名潜伏しているとの密告に接し、新撰組から原田左之助、井上源三郎、沖田総司らに新入りの会津藩士や隊員ら二十名を付して召し捕りにむかった。例のとおり『明保野』の表口も裏口もかためておいてふいに屋敷さがしをやると、それとおぼしき影だにない。一同いがいの顔を見あわすおりしも、ひとりの侍がもの陰からとびだし塀を乗りこえて逃げようとする。

それとみて追いかけたのは会津藩からきた柴司、

「なに者だッ、名のれ」と声をかけたが答えがない。

司はこの日永倉新八から借りた手槍を持っていたが、問えども答えがないのでたしかに長州人とみこみ、電光《いなずま》のごとく槍をくりだして侍の横腹を突き刺した。侍は突かれてはじめて声をかけ、

「ヤァヤァ人ちがいをして後悔あるな、身どもは土州の林（麻）田時太郎ともうす者なるぞ」

名のられて司はおおいにおどろき、

「これはいがい千万、なにゆえあって逃げかくれなどなされしや。こちらは長州人とこころえて突きかかりしものでござる」

「アイヤその長州人はすでに四、五日前にたちさってただいまは拙者ひとりこの茶屋に旅宿いたしている」というあいさつ。

新撰組の連中はその場はそのままひきあげたが柴司は帰隊ののちも浮かぬ顔色をしている。それをみた永倉がいろいろ聞いてみると、じつはかくかくのしだいで土州の侍を突いたが、この一事からあるいは会津と土佐の問題になりはしまいか。もしそのようなことにあいならば拙者は切腹せずばなるまいと思案にくれるのである。永倉はこれを聞いて、

「ナニ新撰組は斬りすて御免となっている。おん身はいまは会津藩の人ではない。隊の人であるから心配することはない」となぐさめていた。

とかくするうちに会津藩の公用方から、司にしきゅう帰邸するようにと使いがきた。藩では家老の田中土佐以下の重役が気のどくでも柴司には切腹させねばあいなるまいということに決めて、司の実兄柴秀司に右のおもむきを伝えたのである。秀司は屋敷にたち帰って司にこの旨を伝えると、司はとくに決心していたこととて兄に月代《さかやき》をたのみ、法にしたがってみ

ごとに切腹してはてた。

近藤、土方、永倉なぞの隊員もおくればせに司のさいごを見とどける。それぞれ検屍もすんでから実兄の秀司が土佐の藩邸へでかけ、

「御藩の林田氏を突けるのゆえをもって柴司はもうしわけに切腹してござる」ともうしいれると、同藩でも林田が突かれながら帰邸したのは士道にそむくとあってこれも切腹を命ぜられた。かくして両人の死は会津と土州藩の感情を融和してことなきをえたが、なかにも会津肥後守は司の死を追惜《ついせき》し兄の秀司に百石の加増を賜った。近藤以下永倉らも柴司の死をもって士道の花と語り伝えたのであった。

隊長のわがまま増長し、永倉建白書をだす

新撰組はもと羽藩の志士清川八郎が建言のもとに幕府をして尽忠報国を標榜《ひょうぼう》して募らせたいわば烏合《うごう》の勢、熱をあたえれば一団となって櫛風沐雨《しっぷうもくう》の苦楚《くそ》を嘗《な》むるを辞さないが、いちど冷《さ》むれば左右反目嫉視していがみあう。なかにも近藤勇は蛮骨をもって鳴らしただけに、おうおうにしてわがままの挙動がある。かれは芹沢鴨の暗殺いらい専制をほしいままにし、

壬生の屯所にあっても他の同志をみることあたかも家来などのようにとりあつかい、聞かずんば剣にうったえるという仕儀に同志はようやく隊長近藤をあきたらず思うものがでてきた。脱走するか、反抗するか、隊員はいまや無事に倦《う》んで不平に囚われ、感情を区々に弄してやがては壊裂をきたす前兆がみえる。

かくと着眼した副長助勤の永倉新八、斎藤一、原田左之助などがしきりになげき、もしこのままにして新撰組瓦解《がかい》せんには邦家《ほうか》の損失であると観念し、調役の尾関政一郎、島田魁、葛山《かつらやま》武八郎らとも語らい、六名とも脱隊のかくごをもって会津侯に建白書をだした。書中には隊長近藤の非行五ヵ条をあげ、まず藩の公用方小林久太郎に面会してだんだんと陳情し、「右五ヵ条について近藤が一ヵ条でももうしひらきあいたたば、われわれ六名は切腹してあいはてる。もし近藤のもうしひらきあいたたざるにおいては、すみやかにかれに切腹おおせつけられたく、肥後侯にしかるべくおとりつぎありたい」と熱心面《おもて》にあらわれる。公用方はおどろいてともかくも会津侯へとりつぐと、侯はただちに六名を居間にめされ、「そのほうどものもうすところ一応はもっともとうけたまわった。しかし新撰組は何人《なんぴと》が組織したものであるか。もともと、近藤、原田、永倉などがもうしあわせてできたものとぞんじておる。こんにちかぎりこれを解散いたしたとあっては、あずかりおく予の不明に帰するであろう。とくと考えてみるがよろしかろう」と説《と》かれる。こういわれてみると、永倉らはたがいに顔を見あわせ、なるほど会津侯のめいわくとなってはすまないしだいと心づき、「それではこのまま帰局いたすでござろう」と答えた。侯はひじょうにまんぞくして、「このたびのことはこの場かぎりにいたせ。近藤をばなにげなくよんで予も面会いたす。けっして口外いたすまいぞ」とて、さらに近藤をその席にめされ、七名に酒をくだされた。

上々の首尾で藩邸を辞した永倉らは近藤と同道して二条へさしかかるとあちらから同志の武田観柳斎がやってきて、永倉の顔をみるや、やにわに双刀を投げだして、「どうぞ拙者の首を打たれい」という。近藤も永倉も事のいがいにおどろいたが、事情はともあれ、とちゅうのことでもありひとまず帰局いたそうと武田とともに屯所へ帰った。武田がかくのしまつを演じたのは、武骨一片の近藤隊長にへつらい、「新撰組一派は貴殿《きでん》のものである。われわれは臣下としてつかえるでござろう」などと平素とりいっていたが、このたび永倉などの硬骨連が脱退をも辞せぬかくごをもって廓清《かくせい》をこころみようとしたことを聞いての計略で、これが機先を制してたくみに永倉らのいかりを解こうとしたのであった。

かくて会津肥後守の一言で新撰組の瓦解がみぜんに防止され、隊内の同志も永倉らの廓清にまんぞくし、ますます京都守護のことに精励するようになったのである。

公武離隔の論湧く、将軍家上洛の運動

すぐる日長州の藩兵が帝都において乱をかまえ、かしこくも闕下をさわがしたてまつったについて、江戸にある将軍家茂はごきげん奉伺《ほうし》として上洛することとなったが、元治元年もはや十月というになんの音沙汰もない。そこでようやく輿論がたかまって将軍家の非を鳴らし、公武離隔の論をさえとなうるものがある。京都守護職の松平肥後守もことごとくの心配で、一日もはやく将軍家に上洛あるよう江戸へ急使をだす。新撰組もこの儀について隊長近藤以下が額をあつめて協議した。けっきょく、

「ご老中にせまって将軍家を動かし御上洛をすすめることにいたそうではござらぬか」ということになって、隊長近藤勇、永倉新八、尾形俊太郎、武田観柳斎の四人が東下することに決定し、さっそくそのおもむきを会津侯にもうしいれると侯はおおいによろこび、

「即刻出発いたせ」と同意した。

近藤以下四名はただちに早駕籠をしたてて飛ぶような思いで江戸へ発足したが、桑名からは伊勢湾を熱田《あつた》へ乗りこそうというので海路をとった。すると船出のときは晴天であったの

が中途から天候ががらりとかわり、雷鳴豪雨あいついですさまじい大荒れとなってきた。吹いて吹いて吹きまくる勢いに船頭は力も根もつきはて、

「旦那方これはとても助かりましねいだ。このぶんじゃ遠州灘へでましょうデ」と投げだしてしまう。遠州灘へでれば破船するのはきまっている。大事をひかえる近藤ら四名のものもついに観念し、死なばもろともと、ありあう縄で四名の身体を帆柱にしっかりと縛りつけ、運を天にまかせた。

天さいわいに四名の誠忠を嘉《よみ》してか、まもなく険悪な天候がおさまり、弱りはてた船頭も力をえて舵を取りなおし、まずは熱田《あつた》まで漕ぎよせた。疲労を癒《いや》すひまもなく四名はふたたび早駕籠を飛ばしていそげいそげと江戸をさす。東海道随一の関所箱根へかかると役人はよういに通しそうにしない。しかしこちらは「京都新撰組の者にして大御番取扱の資格でござる」というので、うむをいわせず乗りこした。

京都から江戸へ三日目に到着し、小石川小日向柳町の近藤の自宅に乗りつける。翌日近藤勇と永倉、尾形、武田の四名はうちつれて和田倉門内の会津藩留守邸へでかけ、今回出府の用向きをのべ手続きなどをうちあわしていると、そこへ、これも将軍家上洛をすすめる心底でおなじく三日で京都から出府したという薩藩の西郷吉之助が来たり会した。

「オオ近藤氏でござったか。はからずも御面会をえて祝着にぞんずる。拙者は大目付大久保肥前守殿に面会いたして大樹公の御上洛をおすすめする考えでござる」

「それはなにより好都合のしだい。しからばわれわれは御老中の松前伊豆守を動かすでござろう」と物語り、まもなく袂《たもと》を別った。

薩の英雄西郷吉之助と幕府方直参の蛮骨近藤勇のこの場の対面こそ、まことにおもしろき対照を生んだのであるまいか。小石川の近藤塾に帰ると永倉は、

「拙者はごしょうちのとおり松前藩を脱して伊豆守お屋形へは出入りのかなわぬ身にござれば、さしひかゆることにする。また松前侯に面会いたさるるについては公用方の遠藤又左衛門に会われるがよろしゅうござる」と注意した。

［解説④］ 御所をめぐる白昼の攻防戦

池田屋事件のあと、新選組と会津藩は市中で長州勢の残党狩りを町屋に身を潜め行っていた。六月十日、長州の志士が洛東「明保野」で密会中との情報を会津藩士・柴司が得て、新選組に出動を要請した。柴は志士が飲食中に槍で突いたが、この情報は誤報で、負傷したのは土佐藩士・麻田時太郎だった。会津藩と土佐藩との問題になる前に当事者同士が自刃し、なんとか事件をおさめた。

このように緊迫したなかで、六月九日、長州に池田屋事件の一報が届いた。長州は六日後の十五日、率兵上京した。一説には十三日、飛脚に扮した有吉熊次郎によってもたらされたともいう。長州の福原越後、国司信濃、益田右衛門介の三家老は立腹し、一六〇〇人が京都に向け出陣した。これが「禁門の変」、または「蛤御門の戦い」である。

長州は「攘夷の国是嘆願、三条ら五卿の復権、毛利父子冤罪の哀訴」を掲げて、禁裏御所に迫った。長州は嘆願書を朝廷に提出しようとすると、兵士をもっての嘆願は強訴とみなされたという。

まず長州の先陣をきったのは福原勢である。京都京橋口で鉢合わせした紀州藩兵から制止されると、「日頃から外夷と戦っている。武装は平服」と一喝し、突破した。天王山には久留米の神官・真木和泉と忠勇隊が陣取った。嵯峨天龍寺には国司信濃、来島又兵衛らがぞくぞくと兵を集め、三方から御所をめざす作戦にでた。

対して、御所まわりの九門は幕府軍が固めた。中立売御門は筑前、蛤御門は会津、下立売御門は仙台、堺町御門は越前、寺町御門は肥後、清和院御門は加賀、石薬師御門は阿波、今出川御門は久留米、乾御門は薩摩である。禁裏の重要な門は幕府御三家や親藩大名が警固にあたり、建礼門は水戸、建春門は尾張、朔平門は彦根、清所門は桑名、宜秋門は会津が固めた。見廻組、新選組は九条河原に出動命令を受け、近くの農家に分宿していた。京都守護職松平容保は寝返りもできない重病であった。

禁裏守衛総督の一橋慶喜、薩摩の西郷隆盛は、この戦いはあくまで会津と長州の私闘であるとして、関与には消極的な考えでいた。ところが来島らが中立売御門を突破し、御所内に侵入した。この戦況に驚いた慶喜は御所に駆けつけ、西郷も御所に攻め入った戦況の報告を受け出陣し、激しく長州軍と激戦を繰り広げた。

『新撰組顛末記』には混乱ぶりが目に浮かぶように描かれている。孝明天皇と公卿は、御所から退去をしようと鳳輦《ほうれん》まで担ぎ出す始末で騒然となった。そこへ松平容保が病身をおして参内し、弟の桑名藩主の松平定敬と慶喜に体を抱えられ、孝明天皇の袖にすがり「しばらくお任せください」と懇願し、孝明天皇も「なんじに任す」と答えた。

新選組の隊士は会津兵とともに御所から敗走する真木和泉らを、天王山に追い込んだ。隊士数十人の中に、永倉は沖田総司もいたというが、池田屋で吐血して以来、戦いから離脱していた。

神官だった真木は敗走中に小倉神社に立ち寄り、死を覚悟したのか、神官から金の烏帽子《えぼし》と錦の直垂《ひたたれ》をもらい受け、これに着替え天王山に十七人で立て籠った。

近藤と真木は双方名乗りをあげたが、真木は詩を吟じ、十七士全員が自刃した。この中に長州人がひとりもいないのは、真木が長州兵を逃がし再起をうながしたからという。

高台寺党粛清——

大樹公上洛を建言、あらたに同志を募集す

脱藩の身であるから遠慮するという永倉新八をのこし、尾形、武田の両人を同伴して近藤勇は小石川の自邸から松前伊豆守の藩邸へいく。公用方の遠藤又左衛門は近藤ら三人を使者の間にとおして丁重にもてなして来意をたずねた。近藤は言葉正しく、

「このたび長州兵が禁闕を犯しまつらんと乱をこころみたるに、大樹公いまもって御上洛なきはいかがのしだいでござろうか。京都の風聞をうけたまわるに、これがため公武離隔説さえとなうるものもいて、守護職肥後守もことごとくのご心配、よってわれわれ三名のほか、さきに御藩を脱した永倉新八まで四名の同志が東下いたして大樹公御上洛の儀をねがいたてまつるしだいでござる」と懐中から建白書をさしだした。公用方はただちに右の建白書を松前侯のまえへ披露すると、侯は書面をあずかり、三名のものに面会するというのである。

遠藤の案内で近藤ら三名が伊豆守に面会すると、侯は、

「はるばるのご出府ご苦労であった。建白書のおもむきは身どもより大樹公へもうしあげるであろう。じつは将軍御上洛の儀、こちらでもとりいそがぬではない。しかし将軍家上洛と

あれば麾下《きか》のものどもへ支度料をくださらねばあいならぬ。その点もあるでのう」とはじめて上洛のよういにできぬ真相をもらした。近藤もかねてこの話を聞いていたので、

「なるほど公儀のご内No《ないど》の儀もうけたまわらぬでもございませぬ。しかし刻下の急務にさいしそのようなしだいをとかくもうしておられませぬ。大樹公ご単身にて御上洛のご布令あらせられ、こころざしあるものを追従せしめるともうされたならば譜代の臣下は支度料のお手当がないとて否やとはもうされますまい」と、かれ一流の建言をこころみた。伊豆守も勇の誠忠にふかく感じいり、

「将軍御前にはしかるべくもうしあげるであろう」と約し近藤もおおいによろこんで辞し去ったが、日ならずして将軍上洛の実現をみるにいたり、将軍が参内して聖上の天機を奉伺《ほうし》したので公武離脱の議論もひとまず沙汰やみとなった。

　この近藤東下の理由については、幕末史などには長州親征を乞わんためで、薩藩の西郷が近藤とおなじく江戸に運動したのもそれら暗中飛躍を意味すると書いてある。しかし近藤の真意だけは当初ともかくも天機奉伺として将軍の上洛を乞わん心底であったのだ。近藤勇、永倉新八、尾形俊太郎、武田寛（観）柳斎の四名の東下の目的はこうして貫徹されたが、当時の新撰組は人数不足で会津藩から補充されるほどの状態であったので、近藤は江戸で同志

を募集することになった。

京都の風雲急を告げたころから新撰組の名は膾炙《かいしゃ》されていたこととて、近藤が同志の募集を発表するやいなや、たちどころに応ずるものおおく、伊東甲子太郎《いとうかしたろう》、鈴木三樹三郎、服部武雄、篠原泰之進、加納鵰雄、中西昇、内海二郎、佐野七五三之助《さのしめのすけ》、新井忠雄、近藤芳祐、久米部沖見、志村武三など、へいそ勤王をとなえ、攘夷をさけぶもの、あるいは真に幕府の走狗《そうく》となって登竜門をえようなどの誠意も野心も混同して、優に五十余の顔ぶれをえた。近藤はいちいち新撰組の法令を読み聞かせたうえで、これらの応募者にたいして一致団結を誓約せしめたのである。

藤堂平助勤王のこと、伊東甲子太郎出現

近藤勇が永倉、尾形、武田の三名とともに東下するということが京都で協議された当時、四名にさきだって急遽江戸へ発足したものがあった。それは副長助勤の藤堂平助である。かれは出府するやいなや草鞋《わらじ》も解かず、深川佐賀町に北辰一刀流の道場を開いている伊東甲子太郎という、武田耕雲斎と同藩の勤王家を訪うて密談にふけった。

伊東はもと常陸水戸のわかれ宍戸大学頭《ししどだいがくのかみ》の藩士で鈴木姓を名のっていたのであるが、実弟三樹三郎とともに耕雲斎と親交をむすび国事に奔走せんと藩を脱して江戸にでた。甲子太郎は学問もあり、武術もすぐれ猛烈な勤王思想をいだいておった点は、かの羽藩の傑士清川八郎とにかよった型で、深川佐賀町に道場を有する伊東精一という北辰一刀流の達人が病死するとともに、弟子たちに推されてついに伊東の名跡《みょうせき》を継いだのだ。

近藤にさきだって出府した藤堂平助とは永年の親友で、とつぜんたずねてきたと聞いて、なかばおどろきながらも藤堂が心中を披瀝《ひれき》するのに耳をかたむけた。藤堂は激越せる調子で、

「われら前年かの近藤勇と同盟をむすび京都に滞在いたしてなにがな勤王の微力をいたさんとぞんじおったが、だんだんと近藤の態度を勘考《かんこう》すると、かれはいたずらに幕府の爪牙《そうが》となって奔走し、さいしょ声明した勤王のことどもはいつ目的をたっすることができるかわかりもうさぬ。げんに先般も同志のものが近藤の小成《しょうせい》にやすんずるのを憤慨して脱隊せるものもすくなくない状態で、われらもないない匙《さじ》を投げているのでござる。よってこのたびかれが出府をさいわい、かれをば暗殺してへいそ勤王のこころざしあつき貴殿を隊長にいただき、新撰組を純粋の勤王党にあらためたいとぞんじ、それがしはかれらにさきだって出府いたしたしだいでござる」と打ち明けた。

甲子太郎はことのいがいにおどろきながらもまたよろこんで平助の説に同意した。そして近藤とはとにかく同盟してかれの同志となり、京都についてからわれらの秘謀を実行しようということに決定し密約をとげた。そこで日をへて滞府中の近藤勇が新撰組の同志を募ることを発表するや、甲子太郎はさっそく小石川の近藤塾を訪問し近藤に面会して、

「新撰組の勤王は真に王事《おうじ》につかうる主義の勤王論でござろうな」とたしかめた。真の勤王とは武田耕雲斎一派の唱道した過激な倒幕論や、そのころ南方の志士がとなえた薩、長、土連合の意味である。勇は伊東の一言に接してはやくもかれの心底を看破したが、さりげないていで、

「いかにも真の勤王でござる」と答えた。甲子太郎は、

「しからば募集に応ずるのみならず、実弟鈴木三樹三郎ならびに拙者の友人をも推挙いたすでござろう」と約して立ちあがった。

このときあらたに募ったもの五十名、近藤はみずからこれをひきいて十一月一日江戸を出発して東海道を京都に入る。新勢力を加えた新撰組は威容さらにととのい、幕府の要路をしておおいに意を強うせしめた。しかも隊長の近藤は伊東甲子太郎をみることほとんど危険人物などのようで、すこしも油断せず、副長土方と意をあわして、まずかれの主張する三藩連

合の意志を探ろうとこころみた。

伊東兄弟優遇さる、山南法にふれ切腹

隊長近藤が東下して募った新勢力を加えるとともに新撰組は一革新をあたえられた。すなわち隊長、副長は従来のとおりであるが、副長助勤をさらに組長とよび隊士十名ずつをあずかり助役として伍長二名を付される。永倉は二番組長で伍長には伊東鉄五郎、島田魁の両名がえらばれた。ことに隊長の勇は、ある疑念をもってむかえたが、かの伊東甲子太郎には参謀という前例にない破格の優遇をあたえ、その実弟三樹三郎を副長助勤とおなじ格の組長に任命した。これ伊東の文武にすぐれた人物なるに近藤が深く敬服した一証としてみられたのである。

ここに前年江戸において尽忠報国の浪士募集のみぎり、芹沢鴨、近藤勇、永倉新八らとこころざしをおなじゅうした山南敬助は新撰組の中堅として重きをなしていたが、隊長近藤がだんだん尽忠報国の本旨にそむきいたずらに幕府の爪牙《そうが》となって功名をいそぐのをかねてあきたらず思っていた。かれはもと仙台の藩士で武術も相応におさめ、ことに激烈な勤王思想

をいだいたひとりで、清川八郎、芹沢鴨、近藤勇などと肩をくらぶべき傑士であったのだが、勇が新撰組を掌握していらい、やや山南をにばかりうとんずるかたむきがないでもなかった。しかるにこのたび参謀という客座の椅子にすわった伊東はは しなくも山南の理想にかない、人物の貫目《かんめ》もたしかに近藤のうえにあるとみて、一夜敬助は甲子太郎の議論を傾聴しことごとく敬服してついに一つの黙契ができた。そして他日おおいになすところあらんと相互に期待するにいたった。

こうして思想のあい投合する両人がそののちしばしば談論をかさぬると聞いて隊長近藤はさらに猜疑《さいぎ》の眼をもってかれらをむかえるので山南はついに意を決し、脱走をはかって江州《ごうしゅう》の大津まで落ちのびた。近藤はこれを聞くより心中ひそかによろこんで、山南が法令にそむくのゆえをもって士道のうえから切腹せしめんと、沖田総司をやって追跡せしめ難なく山南を召し捕った。

沖田は山南を前川荘司の宅へつれてきて近藤に復命する。そのとき永倉は伊東とつれだって前川の宅を訪問し、悄然たる親友の姿に暗涙をもよおし、

「山南氏、あとのことはわれわれがしょうちいたす。ふたたびここを脱走されてはどうじゃ」

とすすめると、かれは首を左右にふって、

「ご芳志はかたじけないがとても脱走しきれないと存ずるから、すでに切腹をかくごしてござる」と決心面《おもて》にあらわれてみえた。

まもなく隊長近藤は副長土方や沖田、斎藤などの幹部連をともなって現れ、列座の面前へ山南敬助を呼びだし、

「新撰組法令に脱走を禁じ犯すものは切腹を命ずるよう規定してある。山南氏のこのたびの脱走についても法文のとおり切腹をもうしつける」

とおごそかにもうしわたした。山南は自若として、

「切腹を命ぜられてありがたきしあわせにぞんずる」と色をも変えず、そくざに黒羽二重《くろはぶたえ》の紋付に衣服をあらため蒲団をしいて中央に正座し、いならぶ一同にながながの交際を謝し水杯をかわしてねんごろに別辞をのべた。介錯《かいしゃく》は沖田総司にたのみ、言葉をかけるまで刀をおろすなという。そして静かに小刀をとりあげて下腹へズブリと刺し、真一文字にひきまわし前方へ突っぷした。そのみごとさには近藤も、

「浅野内匠頭《あさのたくみのかみ》でも、こうみごとにはあいはてまい」と賞讃し、遺骸は神葬で壬生寺にあつく葬った。

ついに征長の命くだる、再征論幕命を早む

元治元年の夏、毛利長門守が藩兵を京洛にすすめ、みだりに砲門を開いて禁闕《きんけつ》をさわがしたてまつった罪をとわれることになって征長の命令がくだった。尾張大納言慶勝《よしかつ》侯が総督、越前の松平春嶽《しゅんがく》侯が副総督として秋の十月二十五日大坂を出帆して先発軍が進撃する。しかるに薩摩の西郷吉之助はつとに時勢をさっし、海外をあいてにして国歩艱難《かんなん》のおりからいたずらに内争をことゝしているべきでないと深く意を決するところあって、征長総督尾州侯のふかい信任あるをさいわい、戦わずして征長の趣旨をつらぬくような術策をめぐらした。はたしてその計略が図にあたり、長州侯は罪を福原越後、国司信濃、益田右衛門介の三老職に科し、三人に腹を切らして謝罪の意を表した。

征長総督ももとより戦争はこのまれぬ。すなわち膺懲《ようちょう》の実《じつ》はこれであがったというので征長軍はひとまずひきあげた。するとそのあとで幕府反抗の硬論をもっていた高杉晋作が同志を糾合して義軍を起こし、藩の軟論を一掃して明らかに幕軍に反抗のたいどをしめした。のちの公爵山県狂介《やまがたきょうすけ》有朋《ありとも》は奇兵隊をひっさげてさかんに高杉に応援する。幕府はふたたび

征長軍をおこすべきやいなやについてまよった。というのは開戦してもはたして戦勝をおさめうるやいなやは疑問である。ことに薩の西郷は再征は首尾一貫しない議論であると反対したので尾州侯はついにたたない。しかしともかく開戦論者が優勢で将軍家茂親征ということに決まり、大坂まで将軍の出馬をみるにいたった。西郷はこれをみて「幕府ももはや末である」と見限り、とうとう帰藩して藩論をさだめおおいに勤王に尽瘁《じんすい》せんと決心する。これじつに他日薩長連合の端緒となったのであった。

しかるに長州の国境にせまった幕軍は毎戦利あらず、滞陣長びくとともに士気も倦《う》んできて敗戦の姿がいちじるしくなってきた。しかし撤兵の機会もないのでむなしく時日をまっている。いっぽうには外国の軍艦が畿内の海にせまって開港条約の締結をいそぐ。朝議の結果、横浜、箱館、長崎の三港をかぎり開港することとなり、おおいに勤王攘夷党の血を湧かしめたのもこのときである。同時に阿部豊後守、松前伊豆守の両国老が外人と兵庫開港の密約あることがもれて各藩志士の憤慨をひきおこすというようなありさまで、将軍家茂もこの内憂外患にはひとかたならず心痛し、ついに病のためとうてい職に堪えずとして辞表を闕下に捧呈し、大坂を去って東下の途にのぼった。

かくと聞いた会津肥後守はおおいにおどろいてその後を追い、河内《かわち》の枚方《ひらかた》で将軍の駕籠に追いつき、したしく将軍に切諫《せっかん》したため将軍もわずかに意をひるがえしてそのまま京都にはいることとなった。このとき近藤勇も将軍の東下を聞いてにわかに将軍の駕籠を追い副長土方以下、沖田、永倉その他の隊士をひきいて肥後守の後につづいたが、将軍は東下を思いとどまり入洛すると聞いて意を安んじ、またただちに将軍の駕籠を警衛して京都に帰ったのである。さいわいにして将軍は罪をとわれず、阿部、松前両閣老の職を褫《は》いでようやく事がおさまった。しかるにまもなく将軍家茂は大坂の行営《あんえい》に薨去《こうきょ》し、幕府の重臣らをして暗夜に灯火を失った思いをなさしめたのである。

将軍薨去《こうきょ》して休戦、月夜三条橋の乱刃

将軍家茂薨去して長州との交戦を休み、荏苒日《じんぜん》を長くした長州再征軍もようやくひきあげるの機会をえた。これよりさき幕府では長州兵が禁闕を犯した罪を問うの兵をだすと同時に、京都の三条に大きな制札をたててその罪を鳴らすとともに、兵燹にかかった良民にもはや安堵いたせよという意味のことを書きしめしたのであった。しかるにそれが休戦となってもとりのけられぬので勤王のこころざしをいだく侍にはいかにもいまいましくてたまらない。つ

いに夜な夜な三条にいでて右の制札へ墨汁をつけたり短刀で削ったりする。

最初は与力や奉行所などで取り締まったが、だんだんと薩摩や土佐の藩士まで手をだすのでもてあまし、ついに新撰組へとり押え方をたのんできたので隊長はそくざにひきうけ、ただちに原田左之助、永倉新八の両組長に取締りを命じた。両人は取締役の新井忠雄、伍長の島田魁以下の隊士二十名をしたがえて三条橋へとむかう。そして日が暮れるとともに制札の下へ五名の隊士をしのばせ、橋の北方面には島田に一隊を授けて警戒させ、その他は原田と永倉が引率して橋ぎわの旅宿の二階にかくれ、一発の銃声を合図にうちかかるてはずをさだめた。

その夜は晴れた月の夜で蟻のはうまでも見えるようなよい晩であった。やがて十時ごろともおぼしきころ十人ばかりの侍が一団となって詩を吟じながら月影を踏んでやってきた。橋を渡りつくすと吟声がヒタとやんだので永倉らはさてこそとよくみると、両三人の侍がやにわに制札のかこいに足をかけて制札に手をおろそうとする。それとみた永倉はすぐに合図の銃声をはなち身をおどらしてくだんの侍連をとりまいた。ふいの襲撃にかれらはおおいにおどろき、しかもそれが新撰組の隊士と知るや手向かいもせずバラバラと逃げだした。

そのうちのひとりがもときたほうへいっさんに走りだしたので永倉と原田が追いかけると、

橋のかなたから島田魁の一隊が銃声を聞いてかけてきたので、たちまち挟み撃ちとなった。するとと侍は身をおどらして鴨川の河原へ飛びおりたので永倉らもつづいて飛びおりる。かの侍はもうこれまでと思ってか三尺ばかりの大刀をひきぬいてむかってきた。このようすに、はやくもゆだんのならぬ敵とみてとった永倉も抜きつれて切り結ぶ。月の光はキラキラと刃《やいば》に映じてものすごき乱闘およそ半時あまり、原田と永倉ほか二、三の隊士もこの大刀の切先に微傷を負わされたが、とうとう相手を斬りふせた。

この侍は土佐藩の宮川助五郎というもので、つねに三尺の大刀を佩《お》ぶる壮士であった。このとき身に四カ所の深手を負いながら「拙者の刀がもう二寸長ければことごとく斬りすててしまったものを」とくやしがっていたが、ふたたび起つあたわざるを知って藩の目付役と自分の家来をよび後事を托しなどした。新撰組からは町奉行へひきわたしてしまう。それからまもなく三条小橋でも伊東鉄五郎が五名の隊士をひきつれてあやしき侍の逃ぐるを追いすがって奮闘し、苦戦しているという報告がきたので、永倉がかけつけてこれを斬りふせ、おなじく町奉行の手にひきわたした。この噂が京都にひろまってまもなく、制札へ手をかけるものがなくなった。

島原遊廓流連《りゅうれん》の日、永倉切腹をまぬがる

慶応三年正月の元日、新撰組の客将伊東甲子太郎は副長助勤の永倉新八、斎藤一のほか、腹心の服部、加納、中西、内海、佐野および実弟三樹三郎などをひきつれて島原の角屋《すみや》へくりこんだ。当日は廓内一帯が休みであったのでとちゅうからあひる十羽を買いこみ酒だけしたくさせようというので登楼すると、なにしろ当時飛ぶ鳥をも落とす勢いの新撰組がきたというので、角屋では下へもおかずにきげんをとりむすぶ。

まもなく現れたのは春の新装まばゆき装いを凝らした兼吉、玉助の両芸妓に半玉《はんぎょく》の小久《こひさ》、飲むほどに歌うほどに酒もまわり興趣ますますわいてきて伊東はついに輪違屋《わちがいや》の花香太夫、斎藤は桔梗屋の相生太夫《あいおいだゆう》、永倉は亀屋の小常《こつね》という芸妓とおのおのなじみの女をよび、羽目をはずしてさわぐおりしも隊から二十人ばかりの同志がきあわせ、たちまち大一座となった。

廓内随一の旗亭《きてい》は元日というのに、こうして壮士の放歌乱舞にその日も暮れようやく帰隊の門限がちかづいてきた。かねて新撰組では隊士の放縦をふせぐ手段として刻限におくれたものは処分することになっていた。すなわち役あるもので犯すときは切腹と厳重にもうしわ

たしてあるので、隊士のおおくはいずれも門限におくれずと帰局した。永倉も斎藤もいいかげんに酔ってはいたが、そこに気がついて伊東にむかい、

「先生もはや刻限でもござれば帰局いたさねばあいなりますまい」

「イヤ御両所、今宵はいつになく泥酔してござる。この酔心地で武骨な隊に帰るのも興がない。あとのところは拙者がひきうけるによって今宵はここに飲み明かそうではござらぬか」

と、伊東はなかなか帰りそうにもない。

　永倉と斎藤の両人もめずらしく酔うたこととて伊東に万事をまかせてついにその夜は帰らなかった。二日も朝から飲みとおして、

「どうせわれわれは切腹する身であるからこの世の思い出に思いきり飲もうじゃないか」と、伊東の発議で酒に暮らし、三日になっても、

「今宵ももうおそい、飲み明かそう」とはてしがない。四日目になると隊長の近藤から使いがきたので、そうそう帰局すると、三人の姿をみるより近藤は満面に怒気をふくみ、

「おのおの方は法令をしょうちでござろうナ」

「ぞんじております」

「おって処分を言いわたすことにする。そのあいだは伊東氏は拙者の居間に、斎藤氏は土方

副長の居間に、永倉氏は別室で謹慎いたされてよろしかろう」とおそろしい見幕。

しかし伊東も永倉も腹のうちでは、近藤がたとえわれわれの切腹を強ゆるとも隊士がしょうちしまい、とたかをくってるからあえておどろかない。いっぽう近藤はさきごろ会津家に直訴いらい永倉にふくむところあったので、このたびの罪一に永倉にありというので会津侯へ陳情し永倉ひとりに切腹させようと決心してでかけようとすると、副長土方はそれとみてとり、

「隊長、永倉ひとりを罪するのは片手落ちでござろう。切腹させるなら三人ともに切腹させなければ、たださえ分離の気配のあるこのごろ、隊士の思惑も考えてみなければなりますまい」と切諫してついに近藤の決心を思いとどまらせた。かくて伊東と斎藤の両人は二、三日たつと、「つつしみ御免」となり、永倉はおなじく六日たってから赦《ゆる》された。近藤と永倉のあいだにできた溝はこうしてますます深くなっていった。

本願寺境内の調練、伊東別居を申し出ず

慶応三年も三月となれば尊王攘夷の論をとなえて飛躍した倒幕《とうばく》の志士がたくみに薩、長、

土の連合をむすび、いつ突発して幕府の非を鳴らさんもはかりがたい形勢となった。新撰組も万一を予期して隊士を練《ね》り調べる必要から、現在の屯所はせまくていかにも不自由を感ずるので、一日、副長土方は永倉とあいたずさえて本願寺を訪問し、「新撰組の屯所として学林を拝借ねがいたい」ともうしいれた。

本願寺の公用方は考えた。過般長州兵の京都へ乱入したとき、門主が長州兵を本堂の縁の下にかくまい、会津兵と新撰組隊士の発見するところとなって、すでに本願寺を焼きはらわれようとしたが、このとき門主から「後日なんなりとも用を達して罪を謝するからその儀ばかりはごようしゃにあずかりたい」と哀願してまぬがれた言質《げんち》がある。されば学林くらいは貸さねばあいなるまいと思いついたので、

「いかにもしょうちしてござります。だがいちおう門主の許しをえてまいりますによって、しばらくお控えをねがいもうす」と奥のほうへ去る。門主は山内の学林を新撰組へ貸すことはじっさい閉口するところで、いろいろと断わる口実を設けようとするのを公用方はしいて説得し、

「あの当時焼きはらわれたとおぼしめせば、こんなことぐらいなんでもございませぬ」とむりやりに門主を承諾させ、土方と永倉にその旨を通じた。

　そこで翌日からさっそく準備にとりかかり、五百畳も敷ける学林を大工の手でいく間かに区画する。本堂との境に竹矢来《たけやらい》をむすんで勝手との往来を仕切り、湯殿《ゆどの》から牢屋のはてまでできあがってまったく整頓されるや近藤隊長以下、伊東参謀などことごとくひきうつる。練兵場は門内の大広間で、永（長）沼流の兵法をよくする武田寛（観）柳斎が指南役となり毎日調練がはじまる。会津藩からは大砲二門交付されて漸次オランダ式の調練もはじまる。なにしろ大砲がめずらしいので毎日二門ずつ強薬《つよぐすり》にしてとつぜん発砲するというさわぎ、隊士は勇ましい砲声になおもつづけざまに発砲するがおどろいたのは本願寺の門主で、すさまじい砲声に極楽の瞑想がたちまち破れて蒲団のなかへもぐりこんで息を殺し、大病人のようにふるえながら公用人をよび、

「大砲の調練をやるならば前日に断わってからにしてもらいたい」と新撰組に交渉させた。隊士のほうではこれをおもしろがってなおも発砲をつづける。音響がはげしいのでときどき本堂の屋根瓦がガタガタと落ちてくる。こんなことが毎日なので門主はもてあまし、とうとうほかに新撰組の屯所を建ててそこへ移ってもらうよりほかあるまいなどと考慮するようになった。

　一方には江戸で藤堂平助と秘密の謀策を企てた伊東甲子太郎、入隊いらい近藤のすきをね

らって新撰組からほうむろうとしていたがそのすきがない。そこで伊東は一日近藤のまえにでて、

「さて近藤氏、つらつら形勢をかんがうるに長州はさきに幕府に征長軍をむけられてから徳川幕府をうらむことはなはだしく、ちかごろよういならぬ計略さえめぐらしているように聞きおよぶ。よって拙者は長州藩へ間者にしのびいり、とくと内実をさぐってみようとぞんずるのである。それにはただいまのような新撰組におっては不便でござるによって、しばらく同志と別居いたさずばあいなるまい。ご貴殿はこれに御同意くださるまいか」と膝をすすませた。

伊東派の東山別居、斎藤一いつわって同居

伊東が近藤自身のために不利益な陰謀をいだいているとは、伊東の入隊当時からつとに近藤の看破するところであった。このたび伊東が長州へ間者におもむくについて別居したいともうしいれたときも、近藤ははやくも意のあるところを察知したが色にも現さず、

「なるほど、拙者も長州藩の内情をさぐりたくぞんじていたところである。さいわい貴殿が

さぐられるにおいては、ねごうてもないしあわせにぞんずる。それにしてもいずれへひき移らるる御所存かな」

「されば拙者の考えでは東山の高台寺にいたそうかとぞんずる」

「いかさま、委細しょうちいたした。して貴殿おひとりでいかれるか」

「イヤいろいろと手段《てだて》もござれば拙者のこのたびの計略に必要な同志だけを連れてまいろうとぞんずる」とて、実弟三樹三郎、新井忠雄、高野十郎、毛内有之助、井端三郎、木内峰太、篠崎新八、加納鵰雄、服部武雄、内海二郎、中西昇の十一人を指名し、とくに「藤堂平助はぜひともやってもらいたい」と述べ、

「このほかに永倉氏か斎藤氏を拝借いたしたい」

「しからば斎藤氏をお連れくだされても苦しゅうござらぬ」と近藤は快諾した。

斎藤一は剣術の達人であったので、伊東は永倉か斎藤かといったのだが、斎藤は近藤勇の腹心のものである。そこで勇は斎藤に「伊東の真意をさぐってもらいたい」と言いふくめ、かれは一諾のもとに伊東らとともに行動をともにすることになった。さいごに近藤は、「伊東氏さらばでござる。ずいぶんとごゆだんなく、またこんごはわざとおたがいに往来においてもあいさつはかわさぬことにいたそうぞ」といって別れた。

東山の高台寺に去った伊東一味は、まもなく薩州の大久保一蔵（利通《としみち》）に款《かん》を通じかれのいわゆる真の勤王にしたがうべく行動を開始した。そしてま（間）がなすき（隙）がな近藤勇をつけまわして、かれを一刀のもとにほうむり、新撰組を幕府の爪牙《そうが》から脱出せしめて主義ある勤王党にしたいとはかった。ついで大久保の周旋で伊東は山陵奉行《さんりょうぶぎょう》戸田大和守に属し、山陵衛士《えじ》となったので高台寺の門前へ「山陵衛士屯所」という標札をかかげた。

「さておのおの、かねてうちあわした近藤勇殺害のことはまだはたしもうさぬが、時勢がこう勤王派に有利にあいまってまいれば、一日もはやく新撰組をわれわれの手にいれねばあいならぬ。それにはまた一日もはやく近藤をほうむらねばならぬが、いかがいたしたものでござろう」

と、伊東はある日ひそひそと同志と相談していると、このとき近藤の旨をうけて高台寺に起臥してる斎藤一がすすみでて、

「先生、近藤を殺すには拙者ひとりでかたづけてお目にかける。拙者はなんどきでも非人《ひにん》にばけて新撰組の門前にうちふし、近藤の外出をまって仕込杖でただ一撃に殺そうとぞんずる。だが近藤もきこえた腕達者でござれば、斬られながらも拙者を抜き打ちといたすであろう。さすれば身どももいっしょに斃れてしまうことはあらかじめごしょうちありたい」といった。

伊東はおおいにそのこころざしを壮なりとし、

「万一のことがあれば貴殿の菩提《ぼだい》はりっぱにとむらいもうす」とて、その月の二十二日に決行することに相談一決し、その夜は万端のてはずに夜をふかしたのであった。

勇の武運いまだつきず、物陰から電光一閃

近藤勇を暗殺せんと斎藤一に万事をまかせた伊東甲子太郎はおしむべし慶応三年秋、桐の一葉と散る運命に際会した。まんまと伊東の真意をさぐりえた斎藤は、勇暗殺の当日にさきだつこと三日、非人姿となって新撰組の屯所たる本願寺の門前へやってきて、ひそかに門衛に永倉新八に会わしてくれとたのんだ。永倉がなにごとかとでてみると、かねて隊長からたのまれた大事を話したいから、むこう側の隊長の妾宅まで近藤を連れてきてもらいたいという。永倉は委細しょうちと右のことを近藤に通ずると、近藤はさっそく副長の土方や沖田総司などと妾宅へやってきて斎藤と面会した。斎藤は声をひそめて、

「隊長の内意をうけて高台寺に起臥すること六ヵ月、ようやく伊東の心底をみぬいてござる。そのしだいはかくかくかくの相談……」と、けっきょくきたる二十二日拙者が近藤氏を斬るを合

図に伊東一味のものは本願寺学林にいる新撰組の幹部を殺害し、隊士を説得して同志にすること、すなわち真の勤王党として伊東の幕下にしようとするといっさいの秘謀をうち明け、「もはやゆうよはあいなりもうさぬ。さっそく手配あってしかるべし」とおどろくべき報せをもたらしたのである。

近藤はこれを聞いて、かねて期したることではあるが、いかにして伊東をほうむろうかとしばらく考えていたが、ふと思いついて、

「イヤ斎藤氏の苦心にふかく拙者の感謝するところでござる。それにはちょうどよいことがある。今朝ひさしぶりに伊東がたずねてまいって、長州へ間者にいりこむについて金子《きんす》三百両借用したいとのことであったが、このうえは右の金子をあいわたすといつわって伊東を呼びよせ、そのとちゅうで暗殺しようではござらぬか」と相談した。一同それがよろしいと、なにげなく伊東のもとへ使者をたて、

「今朝おもうしいれの金子三百両、今夜お手わたしもうすによってご来訪ありたい」といってやる。

かかることとは知らないから伊東はおおいによろこんでその夜四名の同志をひきつれて近藤をその妾宅へたずねていった。近藤はこころよく面会して、

「これはようこそ見えられた。金子は会津藩よりまだまいりもうさねど、追ってまいるはずであるから酒などめされてしばらく待たれよ」と歓待する。

その夜は薄月夜であった。胸中の毒を秘して伊東をいつになくもてなした近藤は、大石鍬次郎、宮川信吉、横倉甚五郎の剣士を七条通り油小路下るところへ伏せ、夜のふくるを待って、

「さて伊東氏、今夜かならず会津藩から金子をとどくるはずであったが、つごうによって明朝にのばすともうしてまいった。ご依頼の三百両は明朝当方からお届けもうすでござろう」

というと、伊東は、

「さようでござるか。しからばこのままたち帰るといたそう。おもてなしにあずかりあつくお礼もうす」とときげんよく立ちあがった。

薄闇の京の街を七条油小路までさしかかると、待ちぶせした宮川が大刀を抜いておどりいで、まっこうから伊東に斬ってかかった。最初の一太刀は伊東に身をかわされて打ち損ずる。伊東も腰の一刀を引きぬいて「ごじょうだんめさるな、ごじょうだんめさるな」といいながらジリジリあとへさがった。このとき物陰から電光一閃、前方へ気をとられた伊東の横顔へ斬りつけたものがある。「アッ」というまもなく伊東は左の耳からあごへかけて十分にあび

せられて即死をとげた。斬ったのは大石鍬次郎であった。

提灯片手に若い女、高台寺包囲される

とっさのまに伊東甲子太郎が斬りたおされるとみるや、高台寺からついてきた四名の同志はすわというううちに逃げ散った。こちらは大石、宮川、横倉の三名は伊東の即死を見とどけるとともにすぐさま本願寺の学林にひきかえし、隊長近藤へ首尾よくうちはたしたと報告した。

近藤はにわかに永倉新八と原田左之助の両人をよんで、

「御両所、かねて新撰組のためにけしからぬ陰謀をいだく伊東甲子太郎は先刻斬りふせてござる。死体はそのまま七条の油小路にすておいてあるによって、おって高台寺の面々が引き取りにまいろうとぞんずる。さればこの機会を利用して伊東の一味を絶滅せんとぞんずるによって、これから七条へ同志二十人をひき連れてご出張願いたい」という。

夜のふけた油小路に横たわった伊東の死骸は近藤と土方と沖田の三人の手で七条の四角の中央《まんなか》へ運ばれた。そして東山の高台寺へ伊東横死のしだいを急報した。

これよりさき高台寺の面々は伊東が惨殺されたにつき一室に集まって密々協議していたのであった。いっぽう永倉と原田は要所要所へ隊士を伏せ、かどの蕎麦屋《そばや》を借りうけて、ふたりはゆだんなく人やくると見張っていた。薄曇りの月影はむごたらしくも紅《あけ》（朱）に染まった勤王志士の遺骸のうえへ鈍い光を投げている。

やがて亥《い》の刻もすぎようとするころであった。油小路のほうから提灯をもった若い女がやってきた。永倉はふしぎな女よとまたたきもせずに見つめていると、女はあたりに人なきをうかがって伊東の遺骸のそばへつかつかと寄り、

「まァ伊東さんはとんだめに」という声はまさしく甲子太郎がなじみを重ねている輪違屋《わちがいや》の花香太夫《はなかだゆう》の召使で、さすがに女気のホロホロと涙をこぼしてまもなく、もときた道へひきかえした。

永倉は、

「うむ、いまの女は高台寺の連中に命ぜられてこちらのようすを見にまいったのだぞ」と原田にささやいて刀の目釘を湿《しめ》していた。するとはたして七、八人の侍が駕籠を吊ってやってきた。もの言う声も静かに遺骸のそばへ駕籠をおろし、二、三人がかかえて伊東の死体を駕籠のなかへいれようとする。とたん原田は手にした鉄砲を一発放って合図をする。同時に二

十人の隊士が抜刀でひしひしと包囲しようとすると高台寺の面々こりゃ敵《かな》わぬとわれさきに逃げだす。のこったのは毛内蟻之進《もうないありのしん》(有之助)、服部武雄、藤堂平助の三人いずれもスラリと腰の一刀をぬきはなって、いっぽうの血路を開こうとする。

服部には原田、岸島、島田の三人が左右から打ってかかるが、なかなかするどい服部の切っ先には三名ともややもてあまし薄手さえ負うている。原田はおおいにいきりたつ。大刀をふりかぶるとみせてとうとう服部を突き殺してしまう。四方をかためられて逃げ道をたたれた藤堂平助はやにわに永倉新八のほうへひきかえしてきた。しかし永倉はかねて近藤から、「藤堂は伊東と同盟はしているがまだ若い有為の材であるから、できるならば助けておきたい」といわれていたので、それとみて藤堂をやりすごした。情《なさ》けある旧友のこのふるまいに藤堂はツと身を七条の方へさけたので、永倉はなおもその行方を見送っているとこのとき同志の三浦常三郎が、イキナリ藤堂を追っかけてそのうしろからサッと斬りつけた。

七条に白刃閃く、脱走の志士屠腹す

「ヤッ」と一声うしろから三浦が斬りつけたのをさけるいとまもなく、あわれ藤堂平助は袈裟掛けに背を割られたが、さすがに藤堂は斬られながらも手にしていた一刀をうしろざまにふりまわしたので三浦は両膝を斬られた。このとき毛内蟻之進はおなじく七条さして逃げだしたので永倉が追いかけ、やにわにうしろから一太刀あびせる。つづいて西岡万助が斬りつけんとすると毛内はふりかえって西岡のあごを切ったが、「エッ」と風を生じた西岡の太刀先みごとにあいての胴にはいって血煙たって即死した。

近藤はそれと見てただちに隊士を引き纏めて四名の死骸を抱えてひとまず本願寺の学林へ引き揚げる。高台寺の面々はその夜のうちにいずこともなく逃げて跡を晦《くら》ましたので四名の遺骸は新撰組で壬生寺へほうむった。藤堂を斬った三浦は膝の傷はいたって浅かったのであるが、三浦はかねて藤堂には大恩ある身、いかに隊長の命であるとはいえ、恩人を斬ったというのでひどくこれを苦に病み、ついに神経病を併発して死んでしまう。伊東一派はこうして離散した。

このさわぎと前後して新撰組の調べ役、茨木司《つかさ》、隊士中村五郎、佐野七五三之助《しめのすけ》、富川十郎の四名は勤王の素志やみがたく脱走を企ててはたしえず屠腹《とふく》して主義に殉じた。右の四名はへいそ伊東甲子太郎の勤王論に心服していたもので、さきに伊東が新撰組とはなれてからすきをみて高台寺へ走ろうと考えていたが、ついに一日袖をつらねて会津藩を訪ね、公用

方の小森数馬に面会して、

「われら四名は勤王の素志を有し新撰組へ投じたものでござるが、近藤隊長の挙動をみるに当初尽忠報国の銘を打ちながら、毫《ごう》も勤王のことをいたさぬのはわれわれの主義に反するしだいであるから、これより新撰組を脱したくぞんずる」と述べた。小森はそれを聞いて、

「これは意外のことをうけたまわるものかな。会津家も新撰組も勤王の思想にはかわりござらぬ。いまさら勤王の主義に反するとは、ちかごろ心得ぬこととぞんずる」

こういわれると四名はハタと当惑した。いき詰まったようすをみて公用方はともかく新撰組へ帰られたがよいというので近藤をむかえにやる。近藤はなにごとやらんときてみると右のしまつなので、あらためて四名にむかい、

「なにごともいちおう帰局したうえで相談することとしよう」と沖田総司、大石鍬次郎をさきに玄関へでた。

すると茨木はじめ四名はいきなり使者の間へかけこむよとみるまに諸肌《もろはだ》おしぬぐとともに小刀でみごとに割腹した。「アッ」と近藤以下がおどろいてつづいてその部屋にはいったときはもう遅かった。このとき入口にちかく座をしめていた佐野は、へいそ憎んでいる大石が血相変えてとびこんでくるのをみて、じぶんの腹に突きたてていた小刀をぬきとるよりはや

く大石の膝に斬りつけた。大石は斬られながらに腰を捻って抜き打ちに佐野を斬る。使者の間は碧血《へきけつ》漂うて眼もあてられぬ狼藉《ろうぜき》。まもなく四名の遺骸は駕籠で新撰組の屯所へ収容した。

新撰組屯所の新築、与力頭取暗殺さる

新撰組から分離した伊東甲子太郎一味の陰謀未然にやぶれて処分がすんだころ、学林を貸しておおいに閉口した本願寺門主から、七条堀川下るところに新築した屋敷を提供してきた。正門から玄関から間取りまでどうどうたる諸侯の屋敷にくらべても遜色ないりっぱな建物である。門主が例の大砲の音に閉口して敬遠の手段にでたのはいうまでもない。これには近藤も苦笑をもらした。

ちょうどそのころ慶喜将軍上洛の報が伝わるとともに大坂の米相場が暴騰しはじめた。京都や大坂の細民は大恐慌で飢饉にでもあったようなさわぎ。したがって将軍上洛をよろこばぬようなのがおおくなって、たださえ薩、長、土の流言蜚語《りゅうげんひご》が陰険の度を加えてくる。新撰組でも一再ならず町民の苦痛を耳にするので奇怪千万のことであると、隊士山崎烝《すすむ》を町人にばけさせ大坂へ探偵としていりこませた。

堂島で山崎がそれとなくさぐってみると、与力頭取の内山彦次郎という長州系のものが倒幕党の旨をうけて相場をひきあげていると判明する。武力中心の当時とて大商人も圧倒的にひきあげを命ぜられるので米の値はあがるいっぽうである。そして内山自身もまた幕府方に敵意をもっているだけかねて刺客の襲うくらいのことはかくごしているとみえ、居宅は厳重に取り締まり居間の床の間には掛物の裏の壁をくりぬき、いざといえばいつでも密室へ抜けられるよう出口を設けているので、よういなことでは斬りこめぬ。これでは内山が奉行所へでも出勤のさいに襲うよりほかあるまいと、山崎はさっそくひきかえして近藤隊長に委細を報告した。

近藤はしからばというので自身に副長土方、沖田総司、永倉新八、原田左之助、井上五郎、島田魁など、約十名ほどの腕達者を選抜し、しのびやかに大坂へくだり京屋忠兵衛方へ落ちつく。ところがめざす内山は出勤の往復とも天神橋を通ると聞いて、それッと、てはずを定めその帰途を擁《よう》することにきめた。

内山は外出のときはかならず剣客と力士を両名ずつ駕籠側にそなえ万一を警戒していた。その夜は職務が多忙で四ツすぎにようやく奉行の門をでたが、かねてだしてある見張りがかくと京屋忠兵衛方へ注進があったので、ソレとばかりに近藤以下の志士が天神橋の左右に待ちぶせした。闇にすかしてみるといそぎ足の駕籠が一挺いましも橋のたもとへかかってくる。まぎれもない内山とみてとるや、左右からバラバラとおどりだした志士の白刃に、あなやとおどろいた警護の剣客も力士も逸足《かけ》だして逃げだした。左からすすんだ土方がまず駕籠のなかへ一刀を突き刺すと、「アッ」と叫んで右の戸から内山がころげだした。すると右からすすんだ近藤が一刀のもとに内山の首を打ち落とした。おりからかなたから人のくるようすに最初内山の首を晒《さら》しものにしようと用意したのであったが、みられてはこと面倒と、近藤は紙のはしへ「天下の義士之を誅す」と記して死体の胸のうえに置き一同その場をくらました。

そして京都へひきあげてから内山暗殺のしだいをくわしく書面にしたため、「士風振興のため内山を改易せしめらるべく候」と付記して老中の表門へ張り札した。時をへてこれが新撰組の所業と知れ細民はひじょうにこれを徳とした。

紀藩の知恵ぶくろ三浦、志士に襲わる

慶応三年の秋、薩、長、土の連合なって幕府をたおそうという南方の志士がぞくぞくと京都にいりこむ。ここに紀州侯は徳川御三家の一人《いちにん》としてもとより佐幕党の中堅となり勢威京

洛にふるうたのでたちまち倒幕志士の怨府となった。ことに紀州藩の才物三浦休太郎は藩の公用方として知恵袋とよばれただけ「三浦屠《ほふ》るべし」と薩、長、土の志士のうかがうところとなり、いつ刺客の襲うやもはかられぬありさまとなった。

そこで紀州侯もおおいに心痛し、ある日侯から新撰組に使者をよこして近藤にきてくれというので、近藤はさっそく本願寺境内の興正寺なる侯の旅館へいってみると、

「公用方の三浦がかくかくのしだいで危ないからかれの身辺を保護してもらいたい」との依頼である。近藤は委細しょうちしてひきさがり、隊へ帰って一同を集め紀州侯の希望を物語り、

「拙者の考えでは三浦休太郎個人といたせばあいかまわぬが、かれ死せば紀州藩の帰嚮に大なる蹉跌《さてつ》を生ずるのであるから、われわれは国家のためかれを助けたいとぞんずるが、いかがなものでござろう」というと、一同もっともなことというので即時隊士の大石鍬次郎、中村小次郎、斎藤一、中条常八郎、梅戸勝之進、宮川信吉、蟻通勘吾《ありどおしかんご》、舟津鎌太郎、前野五郎、市村大三郎の十名を三浦の旅館なる天満屋へむける。休太郎の居間は中二階の八畳二間で、じぶんは奥の部屋におり次の間に新撰組の隊士がひかえて大小刀を離さず、スワといえばいつでもおどりだす準備をしていた。

そうと聞いた薩、長、土の志士はますます三浦を刺さねばならぬというので、選《え》りぬきの剣士を二十名ばかり集めてさし向けることになった。ある日の夕刻、三浦は警衛の隊士と酒をくんでいた。このとき表口へきたのは土州の志士中井庄五郎で、「たのもう」と声をかけ、取次にでた三浦の家士三宅清一にむかい、

「三浦氏は在宿かナ、在宿ならば、案内してもらいたい」とものなれた口上に三宅はなにごころなく、「在宿でござるが、しばらくお待ちを」とあいさつして二階へあがり、襖《ふすま》越しに頭をさげ、「もうしあげます、ただいま表に……」とみなまでいわぬうち、つづいてあがってきた中井がうしろから襖を蹴とばして疾風のように駆けこみ、正座にすわって杯を手にする三浦をめがけて斬りつけた。

「それッ」というので隊士一同はねおきて三浦を庇護するおりしも二十人ばかりの志士がおどりこみ、せまい二階はたちまち乱闘喧囂《けんごう》の巷《ちまた》となる。三浦は中井のさいしょの一太刀に右の頬を斬られたが、隊士のささえるすきに屋根伝いに逃げてしまう。天満屋は入り乱れての大格闘となった。

斎藤は二、三人をひきうけてとくいの突きでバタバタかたづける。梅戸は大力の志士に抱きつかれてひきたおされ他の一人に斬られる。若年の中村小次郎は土州の侍とひき組んで二

階から転げ落ち池のなかへザンブとはまったが、土州人が下になったのでたちまち咽喉をえぐると、池の端には五、六人、小次郎のあがってくるのを待っているので、小次郎は池からおどりあがりざま、

「じんじょうに勝負をやろう」と叫んで斬りむすぶ。中条がひとり斬りすてると、宮川信吉が乱刃のもとにたおれる。急を聞いて永倉新八、原田左之助など駆けつけたときにははやくも志士が逃げさった跡であった。助けられた三浦休太郎は後年貴族院議員として令名のあった三浦安《みうらやすし》である。

［解説⑤］　新たな火種、伊東の入隊

池田屋事件や禁門の変での戦死や隊内粛清・脱走が相次いだ新選組は、新入隊士の増員が必要になった。近藤にはかねてから「隊士は関東侍に限る」という持論があり、剣客で確固たる思想の持主がほしかった。そこで藤堂平助が江戸に走り、旧知で門下でもあった伊東甲子太郎《いとうかしたろう》の道場を訪ねた。伊東は深川佐賀町で北辰一刀流《ほくしんいっとうりゅう》の道場を開き、門弟の多くは伊東の思想である水戸学に裏付けられた勤王派であった。水戸学に興味があった近藤はすぐに伊東と会い、意気投合し幹部隊士として入隊を許可した。

他の新入隊士は、伊東の実弟の三樹三郎・篠原泰之進・加納道之助（鷲尾）・服部武雄・佐野七五三助・内海次（二）郎・中西登（昇）らの面々であった。

土方は芹沢派の傍若無人ぶりに辟易したこともあり、慎重に対処していたが、伊東はインテリで紳士的な人物であった。

元治元年（一八六四）十一月、近藤は伊東の入隊にともない、第三次編成を決めた。

局長　近藤勇　副長　土方歳三　一番隊　沖田総司　二番隊　伊東甲子太郎
三番隊　井上源三郎　四番隊　斎藤一　五番隊　尾形俊太郎　六番隊　武田観柳斎
七番隊　松原忠司　八番隊　谷三十郎　小荷駄雑具方　原田左之助
諸役　八人　平隊士　四十人

伊東の入隊によって新選組はたしかに充実し、幕府の信任も厚くなった。しかし、隊内には近藤派と伊東派の派閥ができつつあった。

翌年三月、壬生村から西本願寺北会所へ屯所を移し、六月に第四次編成をおこない、伊東を参謀、三樹三郎を九番隊長に抜擢した。これは第二次幕長戦に備えての布陣で、参謀に伊東をすえた近藤の人事は見事なものであった。さらに隊内での人材の登用がはかられた。特技のある者を師範にすえたのである。剣術は沖田・永倉・斎藤、柔術は篠原・松原、槍術は谷、ほかに砲術や文学まで、幅広く選んだ。

九月には長州再征が噂され第五次編成をおこなった。そこで伊東と武田が軍奉行、沖田と永倉が小銃頭、谷と藤堂が大銃頭となった。この時点で、隊士は二百人に増えていた。

伊東は新選組の幹部になったことで、新選組を勤王運動の組織に変えることを、画策しはじめた。十一月四日、幕府は長州訊問使・永井尚志の随行を新選組に命じた。名を内蔵助と改めた近藤は永井の給仕役、伊東は中小姓、武田は近習、尾形は徒士をつとめた。

慶応二年（一八六六）一月、近藤とともに長州へ下った伊東は勤王論を吹聴し、九月の尾張出張後に近藤・土方と対立するようになった。翌三年、宇田兵衛《うだひょうえ》と名乗った伊東は新井忠雄を伴って九州へ赴き、新選組からの離脱を決意したという。伊東は近藤との話し合いで「薩長にスパイに入るために、新選組にいては迷惑になる」と理解を求め、承諾を得たという。近藤は伊東の言い分を信用せず、斎藤一を伊東一派の中に送り込んだ。

六月八日、伊東一派は高台寺月真院に入り、御陵衛士《ごりょうえじ》と名乗った。伊東は同志に近藤らを殺し、新選組を乗っ取る計画を話したため、斎藤は近藤に通報した。

慶応三年十一月十八日、近藤は伊東を呼び出し、かねてから依頼されていた軍資金の提供に応じると持ちかけ、宴席をもうけて酩酊させ、帰路の伊東を斬殺した。さらに、遺骸を引き取りにきた伊東一派も斬殺した。世に言う「油小路事件」である。その後、伊東派の残党が報復のため墨染で近藤を狙撃するという事件も起きている。

鳥羽伏見の激戦——

慶喜大政を奉還す、永倉愛児と別れる

新撰組が小康に日をおくるうちに天下の形勢は一変して徳川幕府は事実においてたおれ、大政奉還、将軍職辞退という悲運にひんしてきた。幕府の柱石とあおがれた会津肥後守も薩州と離れていらい朝廷の実権をうしない、京都守護職とは名のみ薩兵や長兵の跋扈《ばっこ》を傍観せねばならぬはめとなった。

慶応三年もおしつまった十二月九日、二条城にいる慶喜将軍へ勅使として三条公をさしむけられるとの通知があった。護衛は薩州の兵とある。当日二条の城は会津の藩兵五百、幕府の見廻組、それに新撰組を加えて警護することとなったがついに勅使はさたやみとなった。この日宮中には勤王の公卿諸公から薩、長、土、肥その他の藩侯、薩の大久保、土の後藤など倒幕派の重立者《おもだちしゃ》が王政復古の大議にふけり、維新の革命は刻々にすすみつつあった。翌十日のことである。慶喜はにわかに二条城をたちのき大坂城にはいった。

ついで十一日、会津公用方から新撰組へ達しがあり、堀川の屯所をひきはらって大坂へくだるようとのことである。むろん形勢が形勢なので出陣の用意で発向すべしとは隊長近藤の

命令であった。夜の明けきらぬうちから局の内外は大混雑のおりから、七条の一帯は薩、長の兵でかためられ内外一歩もふみだせぬとの報告がある。ところへ永倉新八がかねてなじみを重ねていた島原遊廓内亀屋の芸奴小常が、かねて永倉の胤《たね》を宿していたがその年の七月六日に一女お磯を産んでいらい、産後の肥立ちわるくとうとう落命したため、お磯は祇園の大和橋にいる小常の姉へあずけたからという知らせがあったので、永倉は不憫《ふびん》と思ったが大事をひかえるばあいとて局の小使いに旨をふくめて松原通りの新勝寺へ小常の遺骸を埋めさせることにした。するときゅうを聞いて乳母がお磯をつれて永倉へ面会にきた。しかしとてもこの混雑中で面会もかなわぬため門前の八百屋へかけこみ、奥の一間を貸りてあわただしく父子《おやこ》の対面をした。このとき乳母は涙ながら、

「できることならばこの子のために、あなたにひきとっていただきたいという小常さんの遺言でした」というのだったが、なにぶんにもいま出陣ともいうまぎわにそんなこともしておられぬので、

「ここに五十両の金がある。これをわたしておくから江戸の松前藩邸内永倉嘉一郎方へ送りとどけてもらいたい。またこれなる巾着《きんちゃく》は伯母の遺品《かたみ》で嘉一郎がぞんじているはずだからきっとこの子をひきとる。ああ父子の初対面だというのに、もはや生死のほどもおぼつかな

い出陣である。ドレ別れの盃をしよう」と永倉は多年殺伐になれた身でもさすがに恩愛の涙に暮れるのであった。

さらばといくたびかうしろ髪ひかるるここちするのをふりきって永倉は屯所へひきかえし、その日の暮れまえに堀川の屯所を同志とともに出発して大坂にむかった。落ちついたのは北野天満宮の境内、隊長近藤はただちに城内の会津侯へ到着のしだいをとどけいずると、新撰組は伏見一円をかためよとの命令である。かくて新撰組は北野から伏見へとくりこみ、会津藩の林権助、倅《せがれ》又三郎のひきゆる三百名、幕臣竹中図書頭《たけなかずしょのかみ》、松平豊後守のひきゆるフランス伝習隊五百名の応援隊と合しひしひしと伏見一円をかため守った。

新撰組伏見をかたむ、隊長近藤狙撃さる

伏見一円をかためる新撰組の本部は奉行所におかれた。当時大坂城内では薩長の横暴をいかって主戦論をとなうるもの、時勢を達観して平和論を固持するものとの論議で、毎日の大評定が開かれる。しかし肝腎の慶喜将軍はつとに隠退を決心していたのでけっきょく平和論が勝ちを制したものの、薩長が朝廷の権をみだりに利用し幕府を圧迫するので、佐幕の有志

は悲憤の極に達したのである。けれども大勢はいかんともいたしかたがない。薩長の手には「無断退京」のゆえをもって倒幕の密勅がにぎられているのだ。

さるほどに慶応三年も余日なく四、五日で年も暮れようというとき、新撰組では伏見市中を警備の目的で隊士をして巡邏させると、ときどき傷を負うて帰ってくるので副長土方が不審をおこし、永倉新八に一応市中を廻ってみてくれとたのんだ。そこで永倉は夜の十時ごろ、隊士を十人ばかりひきいてでかける。島田魁、伊東鉄五郎、中村小次郎など一騎当千の壮士が、あやしとみたら一刀のもとに斬ってすてんと、肩をいからして縦横に市中をぬうて歩いたが人ひとりに出会わぬ。やや拍子ぬけしながら本部の近くへくると、とある土塀に十人ばかり守宮《やもり》のように身をつけてしのんでるものがある。「なに者だッ」と永倉が大喝すると、それがバラバラと逃げだした。

ゆだんならじと永倉はそのまま本部に帰り土方へ報告したが、その翌朝永倉がはからずもあやしい手紙をひろった。見ると自分の部下なる小林啓之助から暗殺した伊東甲子太郎の残党篠原泰之進にあててあるので、開封してみると新撰組の秘密をことごとく書いてあって前夜永倉らの出動までしたためてある。これを副長土方にしめすと、このときにあたって同志のうちからかくのごとき反逆者をだしたとあっては隊士の動揺をきたすおそれがあるというので、小林を絞殺して密葬しようということになった。

こうして永倉はそれとなく小林啓之助をよんで副長の前へつれてでる。土方はじろりと小林の顔を見て「御用の儀は」というと、小林が「ハッ」と首をたれたので、大力の島田魁が飛びかかって絞殺してしまった。

こえて二十七日京都二条の城にある永井玄蕃頭《ながいげんばのかみ》から近藤勇にきてくれと使いがきた。帰りは夜も深更になったので島田魁以下四名とともに乗馬で墨染《すみぞめ》にさしかかった。すると松原に伊東甲子太郎の弟鈴木三樹三郎、篠原泰之進、阿部十郎、内海二郎などの残党が待ちぶせ、まっさきにすすむ近藤をねらって鉄砲を打（撃）ちかけた。

「それ、曲者ッ」と、主従はあたりをみまわしてるあいだに一丸飛んで近藤の右の肩を射ぬいた。打たれながらも近藤は馬を飛ばして伏見へ落ちのびる。のこる石井清之進と勇の僕《しもべ》久吉はあわれや銃弾と乱刃のなかにたおれ、島田魁とほかのものは、ふしぎに命を助かって伏見までひきかえした。これよりさき隊長をおそうた曲者《くせもの》がありと聞いて隊士はおっ取り刀で馳せむかったが、敵は逃げてあらず、石井と久吉の死体が横たわっていたので、これをひきとって伏見の寺へほうむった。近藤は大坂城で傷をやしなったが、このあいだ副長土方が新撰組の采配をとった。

維新革命戦と永倉、驍名伏見戦にとどろく

慶応三年もこうして多事に暮れ四年の正月をむかえた。新撰組にその人ありと知られた永倉新八の蛮勇ますますふるい、薩、長の名士をして恐怖せしめた活躍の舞台はついに展開してきたのである。三日、新撰組の沖田、永倉、原田など二十五、六人の隊士が奉行所の集会所に一団となって灘の銘酒の鏡をぬいて酒をくみかわしていた。午後四時ごろになると伏見の幕府方陣屋を見おろす御香宮《ごこうのみや》という社のある山へ薩摩の兵がぞくぞくと大砲をひきあげるのが見える。いよいよ開戦の形勢となって永倉などもいつでも出陣の用意をしていた。その夜の七時ごろになると、はたして御香宮の砲門が開かれた。

伏見市中のめだつ建物はつづいて標的となってうちくだかれる。奉行所へも十発ばかりの砲弾が飛んできて、集会所の屋根に焼弾や破裂弾がこもごもみもうて危険となった。副長の土方歳三はもはやこれまでと隊士を広庭へ集めて応戦の令をくだす。まず奉行所へ備えつけてあった一門の大砲を御香宮へむけてうちはなすと薩兵はますます猛烈に砲弾をあびせる。約半時ばかりも砲戦をつづけてから永倉新八のひきいる二番組が決死隊として敵陣におどり

こむこととなった。

　永倉はただちに伍長の島田魁、伊藤鉄五郎以下の隊士をひきつれ、土塀をのりこえて薩軍の陣をめがけて突貫（吶喊）した。大刀をふりかざして、必死の勢いすさまじい永倉らの蛮勇には、名にしおう野津鎮雄幕下の薩摩隼人もてあまして退却をはじめる。三丁ばかりも追いつめたと思うと両側の民家から火の手があがってすすむことができぬ。やむをえず永倉以下が奉行所の塀ぎわまでひきかえし、ひとまず本部へ帰った。このとき永倉の武装が重かったので土塀へ登れぬとみて伍長の島田が銃をのべ永倉をかるがるとひきあげたので、見るものみなその腕力の強いのにおどろいた。

　かかるうちにも薩軍の砲撃がまだやまぬので、ついに奉行所は焼けだした。新撰組はやむなく表門のほうへひきあげて会津の兵に合する。門外二町には長州兵が大砲二門をむけてひしひしとかためている。門をでて右へまがれば御香宮へ登る道になる。会津勢は大挙してこの方面に突貫（吶喊）して敵を潰走せしめ、桃山あたりまで追いおとしてひきかえしてくると奉行所門前の民家へ長兵が火をかけ、退路を絶（断）とうとしている。一同火中をくぐりぬけて奉行所構内へひきかえすことができたが、フランス伝習隊長の竹中図書頭は形勢をみてとって、

「戦争は勝利であったが敵はいずれも高地にあるから、けっきょく味方の不利になるのをまぬがれぬ。このうえはいったん淀までひきあげてはいかがでござる」と提言した。

会津の林権助も幕臣の松平豊後守、新撰組の副長土方もまたこれに同意してにわかに兵をまとめ、鳥羽街道を大坂のほうへくだった。それはもう四日の午前三時のことである。鳥羽の入口は大垣藩のかためるところとなっていたので、幕府の兵が同藩と合体してさらに備えをかたくする。おりしも長州兵が追撃してきてまたもや激烈な戦争となったが、幕兵ついに崩れはじめたので会津藩と新撰組がかわって戦い、ようやく長兵を追いのけた。

新撰組鳥羽に激戦、古名将にはじぬ退口《のきぐち》

伏見鳥羽の合戦はじつに徳川幕府が天下を制するか、勤王党が天下を制するかという分け目の関であった。新撰組は勤王党にはちがいないが、幕府の恩顧を食《は》んでいたのでいつしか佐幕勤王党という当時の大勢に適合しない位置に立った。永倉新八などはたんに新撰組のために死命を賭《と》すといったようなばくぜんとした考えで、この戦争に参加していたのである。おおくの隊士もまた大部分これとおなじ考えで奔走していた。

五日となれば長州の兵鳥羽街道を大挙して南下してきた。新撰組は会津兵と合して防戦につとめ、さらに東寺入口まで攻めこんだが長兵は民家に火を放ったので追撃をやめ、ふたたび淀小橋までひきあげた。この合戦で会津の老将林権助は七十歳の老軀をひっさげて奮戦したのち、八発の弾丸をうけて討死をとげ、長子の又三郎がかわって大砲隊長となり猛烈に長兵を追いちらして敵の胆《きも》を寒からしめた。翌六日の朝、幕兵三百をひきいて佐々木只三郎がやってきたので、鳥羽口の防備はこれにまかせ、新撰組は淀堤の千本松に陣を張った。

するとと薩摩の一隊がたちまち二門の砲を曳いて千本松におしよせ銃火を雨霰のようにあびせかける。こちらは鉄砲が不足なので永倉新八をはじめ隊士の面々みな身がるとなり、抜刀をふりまわして薩軍へ無二無三に斬りこむ。両軍とも血気の壮士ばかりとて、二時《ふたとき》あまりも血戦し、おのおの多数の死傷者をだしとうとう薩兵を追いまくったが、長追いをすれば連絡をたたれるおそれありととちゅうからひきかえすと、薩兵は盛りかえして追撃をはじめる。小橋のあたりで遺棄されてある大砲一門を発見し、しつこく追いすがる薩軍の頭上に砲火をみまい、たじろぐすきをみて新撰組は淀の城下で会津の兵と合することができた。

しかるに薩長の兵はこのとき対岸から小舟をあやつって淀川を渡りぞくぞく淀城内へくりこむもように、会津兵は城内さして大手門へかかると、城主稲葉長門守は勅命と称してかたくその入城をこばむ。とかくするうちに幕臣の松平豊後守、竹中図書頭、新撰組副長土方歳三らは大坂へ退却に決したので、永倉新八は薩長の追撃をさまたげようと民間の建具畳の類《たぐい》を淀小橋の上に積み重ね火をつけたが、よういに燃えうつらぬ。そうするあいだに全軍をぶじに大坂に入らしむる防備として、まず橋本宿の入口に歩兵隊五十名と土方歳三のひきゆる新撰組隊士五十名を配し、さらに永倉新八、斎藤一に二十名を付して八幡山の中腹に拠《よ》らしめ、緩急あい応ずるの備えをたてた。

淀の城下はまもなく兵火につつまれた。幕府方の兵はつづいて総退却をはじめる。薩長の兵は「それッ」と追撃を開始し砲銃の音や喊声が随所におこる。退却軍はしばしば危地におちいって死傷者が退路に累々《るいるい》としてよこたわる。会津の林又三郎や幕臣の佐々木只三郎など著名の勇士が戦死する。八幡山の麓はもっともはげしい戦塵群がり、橋本宿はついに薩軍の手に帰してしまう。八幡山の中腹に拠った永倉新八は前後の連絡をたたれて情勢はさらにわからぬ。橋本宿が敵手におつると聞いて山をくだり、かつ戦いかつ走って大坂へはいった。この時の永倉の働きぶりはじつに古名将の退口《のきぐち》にもはじぬと陣中の語り草となった。

遊撃隊長桃井そむく、ひさしぶりで江戸へ

伏見鳥羽をしりぞいて大坂に拠った幕軍は戦争をつづけるにしてもまったく不利なものであった。永倉新八が斎藤一とともに手兵をひきまとめて城内にはいってみると、新撰組では副長土方の指揮で城門に大砲をすえ、薩長の兵きたらば一合戦せんと準備のさいちゅうであった。

ここに慶喜将軍の護衛として進退をおなじゅうしていた遊撃隊というがある。隊長は江戸随一の剣術家としてうたわれた桃井春蔵という文武の達人で、隊には榊原健（鍵）吉などという後年まで名をのこした剣士を網羅《もうら》していた。しかるに桃井はかねて薩、長、土の志士とむすび、勤王党と気脈を通じていたのだが、いましも大坂城内の混乱に乗じて致命傷をあたえようと考えたのか、すきをねらって将軍慶喜の居間に近い柳の間に火をかけた。

ことのいがいにおどろいた新撰組の隊士は「それッ」と桃井を追っかけると、かれは蔵屋敷の土州藩邸へかけこんでしまった。かくて刻一刻と薩、長の兵が大坂めざして南下するとの報に接した近藤勇は、

「拙者の負傷いまだ癒えもうさざるも幕軍の不利をみてはこうしていられぬ。拙者に遊撃隊と見廻組を拝借がねがわるれば薩、長の兵を京都まで追いのけ、きっと大勢を挽回いたすでござろう。そのあいだに将軍は海路を江戸へ御帰城あいなり関東の兵をもよおされてさらに上洛の策をとられてはいかかでござろう」と建言したが、このうち、将軍慶喜はきゅうに東下を命ぜられ、警護は会津、桑名の両藩と新撰組となる。幕臣はのこらず紀州家へあずけられ、お供としては松平肥後守、松平越中守、御老中板倉周防守、若年寄永井玄蕃頭だけ指名された。

新撰組は出発にさきだって城内の宝蔵から十万両をとりだして船に移した。将軍とお供は軍艦富士山丸《ふじやままる》へ、警衛の兵は汽船順徳丸へ移乗し正月十日というに思い出おおい大坂を出帆した。将軍慶喜や幕臣の重立者《おもだつもの》をかくやすやすと江戸へ落としたのは薩の西郷吉之助の遠謀のあるところで、一万五千にちかい幕兵と三千しかない薩長の兵と戦ってはいたずらに損傷をこうむるばかりであると、ことさらにいっぽうの退路を幕府のために開いたのであった。

富士山丸と順徳丸は舳艫《じくろ》あい啣《ふく》んで十二日午前四時品川湾に投錨した。将軍や諸役人はただちに入城して新撰組だけは品川の釜屋という小旅館へ落ちつく。ついで二十日には新撰組へ大名小路の鳥居丹後守役宅をあてられ一同ひき移る。近藤勇はそこで隊の人員検査をすると、伏見や鳥羽の戦争で副長助勤の井上源三郎、山崎烝、会計方の青木牧太夫、伍長の伊藤鉄五郎、池田小太郎その他隊士二十余名をうしなっている。のこるは副長土方歳三、同助勤の永倉新八、沖田総司、斎藤一など四十余名にすぎない。

かくてひさしぶりに江戸に帰った隊士にしばらく休養をあたえたので、隊士はそこここと遊びまわる。音に聞こえた新撰組の威勢すさまじく江戸市中新撰組の隊士といえばいたるところで歓待された。

［解説⑥］　敗軍として京を去る

大政奉還、そして王政復古の大号令で徳川政権は崩壊した。新選組は不動堂村屯所を引き払い伏見奉行へ移った。慶応三年（一八六七）十二月九日、新選組は新遊撃隊御雇となったが、十二日にそれを返上し元の新選組を名乗った。十八日、近藤は高台寺党によって狙撃され、大坂城で幕医・松本良順の治療を受けた。このとき沖田も一緒に治療を受けたといわれている。結局、近藤と沖田は鳥羽伏見の戦いに参加できず、近藤不在の新選組の指揮は土方がとるようになった。

慶応四年一月三日夕方、大坂から進軍した旧幕府軍は鳥羽小枝橋をはさんで、薩摩一五〇〇人、長州一〇〇〇人の新政府軍と対峙した。旧幕府軍の六分の一にも満たない兵力である。薩摩の西郷隆盛は東寺に本陣をおき、指揮をとっていた。

にらみ合いが続き、薩摩兵が空に向け銃を発射した。その閃光が夜空を染め伏見でも確認できた。西郷は「鳥羽一発の砲声は、百万の味方を得たるよりも嬉しかりし」（伊集院兼寛手記）といい、新時代の到来と歓喜した。

鳥羽伏見の戦いの火ぶたは切られた。旧幕府軍は風下から旧式銃を撃つたびに黒色火薬の火の粉を顔に受け、みぞれ混じりの寒風で着物、袴はずぶぬれで苦戦を強いられ、はなはだ不利であった。それに比べ新政府軍は飛距離が長いイギリスの新式銃を装備し、旧幕府の見廻組や遊撃隊が狙い撃ちされながらも、鳥羽では互角に戦った。

鳥羽伏見の戦いは、厳密にいえば鳥羽の戦い、伏見の戦いであった。

戦いは伏見に移り、伏見奉行所に布陣する土方らは新選組隊士を集め、灘の銘酒を振舞った。酒は伏見より灘が高級品だったのかもしれない。いよいよ新選組が戦いに挑んだ。会津兵は薩摩伏見屋敷を焼き払った。『浪士文久報国記事』では「新選組の手で薩・土屋敷へ火をかけた」とある。

『新撰組顚末記』に「伏見の幕府方陣屋を見おろす御香宮という社のある山へ薩摩の兵がぞくぞくと大砲をひきあげるのが見える」とあり、一望できる高台に薩摩兵が弥助砲を据え、新選組が陣を置く伏見奉行所へ向け大砲を撃ち込んだ。そして、御香宮と伏見奉行所との間で激しい砲撃戦となった。

土方は持久戦になれば新選組は不利と判断し、抜刀の腕前がある永倉に敵陣への斬り込みを命じた。このあたりの描写は、戦場にいないと証言できない場面であり、自らの戦功を述べている。しかし、永倉の斬り込みは失敗し、塀をよじ登るところを巨漢の島田魁に助けられた。

装備だけでなく、食糧も新政府軍は豊富だった。薩摩兵は伏見の料理屋による炊き出しで食糧に困ることはなかったが、旧幕府遊撃隊の堤兵三郎は「中書島《ちゅうしょじま》付近の人民空き家に入り正月の飾り餅を探し出し、数多の炭を起こしその中に投じ、これを喰いてようやく暖を取り、飢えを凌ぐ」（徒草叢書）と嘆いている。

結局、会津大砲奉行の林権助が顔に八発も被弾して戦死し、土方は淀への撤退を決意した。しかし、淀藩主・稲葉正邦は江戸での老中会議のため不在で、留守居役から「開城、援軍を望むならば勅命を示してもらいたい」と一蹴された。土方にすれば寝返り的行為であった。

三日夜、西郷は伏見方面の戦況を視察し「明日は錦旗を押し立て、東寺に本陣をお据え下され候えば、一倍官軍の勢いを増し候事に御座候」と、天皇の軍隊の証である錦の御旗を要請した。四日、いよいよ錦の御旗がひるがえることとなり、出兵をためらっていた芸州・土佐も官軍ならばと出兵を決めた。

五日、西郷は旧幕府軍を一気に攻めるために、東寺から仁和寺宮を出陣させ、富ノ森で錦の御旗をあげた。旧幕府軍は賊軍扱いされ、新政府軍は官軍となった。慶喜の母は有栖川宮家の出身、いわば天皇の血筋である。朝廷から見放されたことで戦況が一変し、慶喜は失意のうちに東帰した。新選組も幕府の軍艦「富士山丸」と「順動丸」で江戸に帰ることとなった。

浪士組として入洛し新選組と称して以来、五年ほどの栄枯盛衰であった。

近藤勇の最期——

嬌舌《きょうぜつ》火を吹く座興、電刃洲崎の血煙

ひさしぶりで江戸へ帰った永倉は、ある日同志の島田魁、中村小三郎、蟻通勘吾、梅戸勝之進、前野五郎、林小五郎などを同伴して、そのころ深川の仮宅《かりたく》と称したいまの洲崎《すさき》の品川楼に遊び、小亀、嘉志久《かしく》、紅梅などいう花魁《おいらん》をのこらず揚げ、ほかに芸妓を六人よんで大陽気にさわぐ。隊士はいずれも大杯をかたむけて満面朱にそまって唄い狂ううちに、中村小三郎の敵娼《あいかた》たる嘉志久のみが杯に手も触れずにいる。永倉はこれをふしんに思って聞くと、小亀太夫が、

「嘉志久さんは酔うと乱暴をするので楼主から禁《と》められているのであります」という。

「ナァニかまわぬ、拙者がゆるす」というので、中村は杯洗にまんまんとついで二、三杯つづけさまに飲ませると、嘉志久はたちまち泥酔して嬌態をくずし一座に毒舌漫罵をあびせてくってかかるので、それがかえって満座の喝采を博した。

翌日も流連《いつづけ》してさらに大門《おおもん》の役人に談判し、これまで例にない花魁の門外道中をこころみ、洲崎楼という名代の料理屋で大酒宴をやる。その翌日も品川楼に流連していたが永倉は連日

の酒に飲みあき、どこか静かなところでゆっくりしてみようと、隊士には内密でふいと品川楼の裏門をくぐりでた。

そこで小格子店《こごうしみせ》や長屋などのあるほそい通りで若い衆をさきに永倉はとある橋を渡るとき、前方から三人づれの侍がやってきてはからず突きあたった。永倉は酔うてもいたので、

「これは失礼」とあいさつしていきすぎようとすると先方は、

「失礼ですむか」とふりむいた。永倉は、

「なにをッ」と股立《ももだち》をとって腰の一刀に手をかけると三人の侍はそのままスタスタいきすぎたので、永倉はなにごころなくぶらぶらやっていくと、ゆだんを見すました侍はそのうしろから一刀を大上段にふりかぶって追っかけてきた。それを発見したのは若い衆で、

「ヤッだんなさまッ」と叫んだので永倉ははじめて気がつき、ふりかえるひまもなく半身に体を開いて刀を抜き風を生じて斬りおろすあいての刃をうけてかえすとみれば、くだんの侍は横面をみごとに割られ、うんといいざまあおむけにたおれたが、永倉も目の下に軽傷を負うた。

「あともこいよ」と、永倉の叫んだ声にのこったふたりの侍は胆をつぶして逃げてしまう。付近はたちまち大さわぎとなったので永倉は刀の血をおし拭い、そのまま品川楼へひきかえ

すと、隊士はきゅうを聞いていましもかけだそうとするところであった。ぶじに帰った永倉の刀をまえの嘉志久太夫がうけとってたくみな手つきで拭い、打粉《うちこ》までかくるものなれたようすに、永倉はふしぎな女だと思って、

「どこでそんなことをならった」と聞くと、

「ホホホ」と笑って「わたしは幼《ちいさ》いときから身体がよわく、それでも男の名がすきで伊東甲子太郎と名のっておりました」と答えた。

伊東の名にアッとおどろいたが、だんだん聞くと例の伊東甲子太郎とはなんらの関係もなかったらしい。そして簞笥《たんす》から一刀をとりだして永倉にしめしたが、なかなかの銘刀であった。こうしてその日一同がひきあげることになり、楼主の辞退するのをしいて百両とらせて新撰組の本部へ帰る。副長の土方が永倉の目の下の刀傷を見て「どうした」と聞くので、洲崎遊廓でかくかくのしだいでそのときに負傷したのとうちあけると、土方は、

「かるい身体でござらぬ、自重さっしゃい」とそのままにすんだ。

おん礼として一万両、勇甲府進撃をはかる

薩、長、土の兵はついに官軍の名をおうて東海道をくだってきた。沿道の各藩は恭順するもあり江戸に走るのもある。将軍慶喜は二月二十八日上野寛永寺に居を移して謹慎を表し、新撰組は警衛として上野山内に本部をおいた。

このときフランスは幕府に同情しイギリスは薩、長をたすけるというふうがみえて、内訌《ないこう》が長くつづくと外国の干渉がこぬでもない。そこに着眼して維新の大業をまっとうせしむるに凡流《ぼんりゅう》を超えて大勢を導いたのは薩の西郷吉之助と幕府の勝海舟である。江戸城明け渡しはもちろん諸外国に厳正中立をもとめ、勝は幕臣の意表外の方面に活躍しつつあった。

ここに江戸浅草の新町に団（弾）左衛門あらため矢島（野）内記とて特殊部落の大頭目とたてられる世間のほかの一大勢力家があった。かれが一言はじつに全国にわたる部落の十万人をたたしめるにたるものがある。そこで薩州ではかれを侍にとりたてるとの評判があったので、幕臣の松本順《じゅん》が機先を制し、「旗本に推薦する」といっててなずけた。内記はおおいに喜んで、「このうえはいかなることがあっても幕府のご用をうけたまわる」と約したので、

松本はただちに手続きのうえ御目見得以上にめしいだされ御書院組に列せられて時服拝領《じふくはいりょう》までおおせつけられ、破格の待遇をうける身となったので、内記からはおん礼として金一万両を献ずる。ついで同人は乾児《こぶん》百人をえらんでフランス式の調練をうけしめた。そこで松本はこの歩兵を新撰組に付属せしめようと近藤勇にはかった。

しかるに近藤は甲州城を自分の力で手にいれここに慶喜を移そうとする計画をたてていたので、一兵でもほしいときであったからさっそくこれを承諾した。そしてこの計画は慶喜の内諾をうけてあるので近藤は一日新撰組の役付すなわち副長土方、副長助勤の沖田、永倉、原田、斎藤、尾形、調役の大石、川村等を呼びあつめて右の計画をうち明け、首尾よく甲州城百万石が手にいらば、隊長は十万石、副長は五万石、副長助勤は各三万石、調役は一万石ずつ配分しよう。ただしこの一事は隊の運命のつながるところであるから、隊長一存では決しかねるので各位の意見もうけたまわりたいというと、一座は無条件で賛成した。

そこで表面は甲州鎮撫ということになり、軍用金五千両、大砲二門、小銃五百挺を下付される。しかも軍事総裁勝海舟がよういに勇のこの願意をいれたのは、この爆裂弾のような危険人物を慶喜のまえに近づけまい所存からなのであった。勇の心中では江戸城の堅要を固持してあくまで官軍に反抗しようとも考えていたのである。

かかるうちにも官軍はぞくぞくとして東下してきた。勇は三月一日甲州鎮撫のためとふれて新撰組を甲州街道にすすめた。八王子をすぎて猿橋の宿で官軍はや下諏訪にあり甲州にはいるのもここ二、三日のうちだということを聞いたので、勇はおおいにおどろき、そくざに七十頭の馬匹《ばひつ》をあつめ騎馬隊を組織して、官軍にさき立って甲州にはいろうとしたのであったが、官軍もまた、もし甲州城が幕府の手に落ちてはよういならざることになるのを知っているので、そこに巧妙な手段がめぐらされてついに甲州城は一戦におよばずして官軍の手に落ちることになった。

事ついにその志と違う、勇の威信地におつ

甲州城をのっとって百万石を掌握しようとした新撰組の野心は一朝の夢にすぎなかった。剣をとっては本朝随一の近藤勇も徳川幕府という大廈《たいか》のたおるるにさいしては、これをささうる一木《いちぼく》にすぎなかったのである。そのいみで甲州合戦はぜんぜん失敗におわっているから、くわしいことははぶいて新撰組離散に移ることにする。

三月四日勝沼の宿へ新撰組の騎馬隊が着くと、甲州城はもはや官軍の手に落ちていること

がわかった。総員を点検すると馬丁をあわせてわずかに百二十一人、この小勢をもって雲霞《うんか》のようにおしよせる官軍に対抗すべくもあらぬ。隊士はそれと知って永倉と原田の両人へ、「このさい後援がこなければ無謀の戦いはしたくない」ともうしこんだ。これを伝えるとさすがの近藤もよわって、

「しからば隊士をあざむくは士道にそむくけれど非常のばあいゆえよんどころござらぬ。会津の侍三百名が猿橋まできて明朝着くはずであるといつわって一戦するようにすすめてもらいたい」とたのみ、いっぽうには副長土方を神奈川に馳《は》せて旗本の一隊たる菜葉隊《なっぱたい》を迎えにやった。

その夜勇は大砲二門を要害の地にすえ、さらに付近の農民を説いて一把二把の薪《たきぎ》をださせ、山の中腹や街道筋に篝火《かがりび》を焚いて虚勢をはった。官軍はこれをのぞんで大部隊の幕軍がおしよせたものとはやがてんし、急に後詰めの部隊を甲州城に集めて備えをかたくした。要するに勇はますます敵をして有利な位置に立たしめるようにしたのである。

こんどはさらに手をかえて甲州城にはいった岩倉具視に使いをだし、「幕府の甲州鎮撫隊長大久保《おおくぼ》剛《たけし》にそうろう、岩倉公に面謁してもうしあげたき儀がある」と勇がみずからすすむと、「あいさつは鉄砲でいたす」といってあいてにしない。

　このとき永倉は同志十名と狩り集めた猟夫二十名の一隊をひきいて街道の向山《むこうやま》へすすむと一軒の百姓家に官軍の兵がひそんでいた。するとそれとみるより猟夫はうらぎりして、はんたいに永倉のほうへ鉄砲をむけた。衆寡敵《しゅうかてき》せずとみて永倉以下がひきあげてくると、新撰組の隊士は隊長近藤が前夜会津の援兵がくるといったのが根も葉もないことであるのと、兵糧さえ十分でないのをいかって、はやくも離散の決心したものとみえ、かってに小仏峠《こぼとけとうげ》のほうへひきあげてしまう。永倉と原田はおおいにおどろいて馬に乗って追いかけ、吉野宿でやっと追いついていろいろと一行を説得した。ついで近藤もやってきて説得したがなかなかきかない。近藤の威信まったく地におちてもうどうすることもできぬ。近藤もいよいよここにさいごの決意を定め、このうえは吉野を陣地に官軍とさいごの一戦をこころみて討死するといって動かぬ。

　永倉はなんとかして隊士をひきとめようとついに八王子まで追っかけて説いたけれども、かれらはもはや新撰組へ復帰するの意がない。しからばどうするかというと、いずれも会津藩に投じて徳川家のためにつくそうと決心しているので、永倉もこれまでと思いきり、「それではいたしかたがない。しかしいまいちど新撰組へ帰って隊長近藤に会い、これまでの暇乞《いとま》いをしてから会津へいくがよろしかろう」とすすめ、さらにひきかえして近藤にも右のしだいを報じてさいごの決裁をまった。

近藤は悵然《ちょうぜん》として長大息しながら、

「このうえは拙者も会津の城を枕に討死をとげることにいたそう。隊士は永倉氏と原田氏におまかせいたした。一同は江戸で落ちあうことにいたそう」と約してわかれることになった。

数奇をきわめた新撰組もこうしてさんざんなありさまとなって江戸へ帰った。

永倉近藤と訣別す、勇板橋にて斬らる

江戸で再会しようと約して三々五々にわかれた新撰組の隊士は、それでも落ち合い所とさだめた本所二つ目《ふためめ》の大久保主膳正邸へ足をはこんでみたが、まだ隊長近藤がきていなかったので大部分はまったく新撰組をみかぎり離散してしまい、のこるは永倉新八、原田左之助、島田魁、矢田賢之助など十人ばかりである。これらの残党は会津藩に投じようと決議し、永倉の発案で今戸八幡の境内に住む松本順から軍用金として三百両を借り入れる。金子《きんす》ができると、さきに離散した同志や近藤勇をもあわせて会津へおもむこうということになり、このとき、離散の同志は新吉原でなごりの遊興をこころみていると聞き、永倉らは駕籠をとばし

て金瓶大黒《きんぺいだいこく》へ乗りつけた。

そこには二十余名の離散隊士がいて永倉らがきたと聞き、ふしんに思って仔細をたずねるので、

「せっかく同志をむすんだわれわれが一朝にして離散するとはいかにも遺憾にぞんじてまかりこした。しておのおの方はいずれへおもむかれるや」と聞くと、いずれも「会津に投ずるつもりだ」という。

「それではわれわれとおなじ目的でござれば、ここでさらに新勢力を組織し、近藤、土方の両名をも説きいれて会津へおもむき、さいごの奮闘をいたそうではござらぬか」と相談すると、一同も異議なくばんじは永倉に一任するというので、その晩は結党の祝宴をはり徹宵《てっしょう》の豪遊をこころみた。

翌朝三艘の船で一同が近藤のいる和泉橋医学所へ漕ぎつけ、勇に面会して前夜の決議を述べて賛成をもとめると、勇はそれを聞くよりふつぜん色をなし、

「拙者はさようなわたくしの決議には加盟いたさぬ。ただし拙者の家臣となって働くというならば同意もいたそう」とキッパリ断った。離散した一同もせっかくたずねてきたのにこう近藤に突っぱなされると、怒気一時に燃えていずれも袖をはらって立ち去った。永倉も、

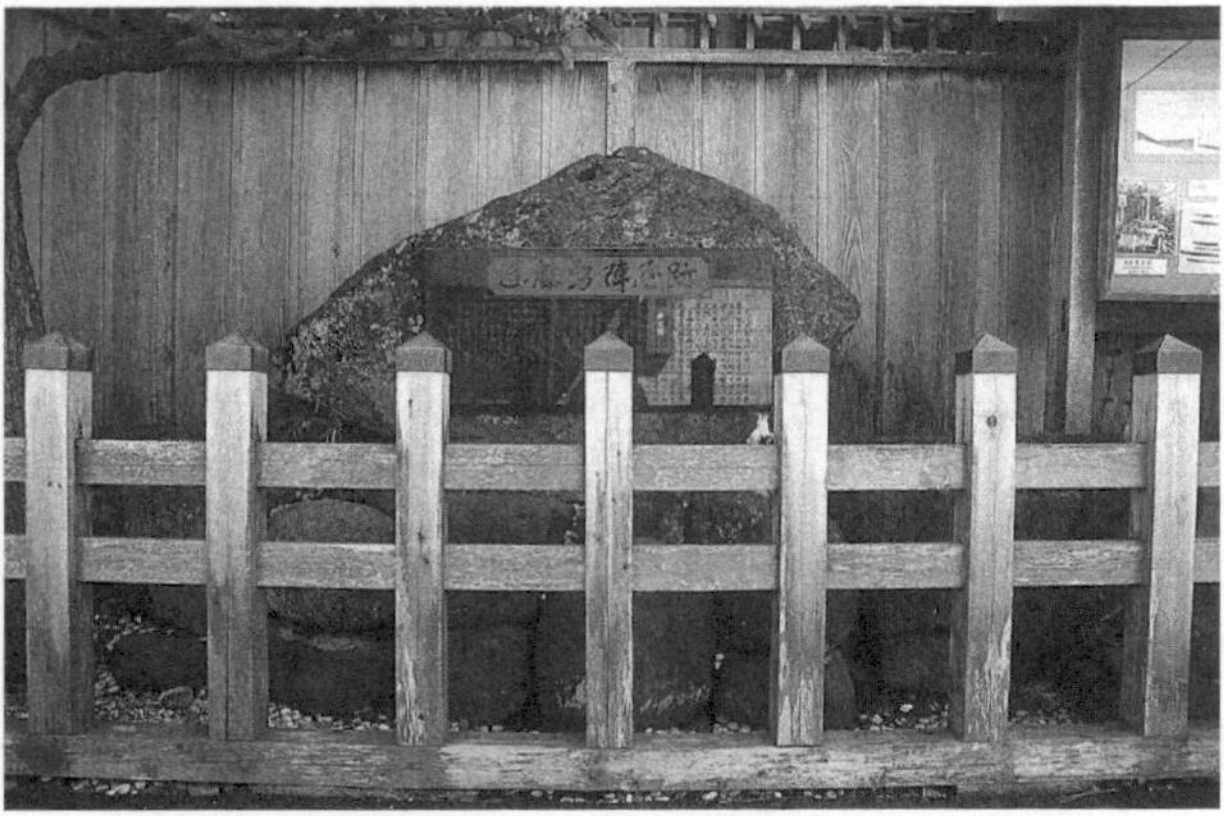
近藤勇らが宿陣した流山の陣屋跡（千葉県流山市）

「二君につかえざるが武士の本懐でござる。これまで同盟こそすれ、いまだおてまえの家来にはあいなりもうさぬ」と激しながら、だんだんこれまでの交誼《こうぎ》の礼を述べ、原田、矢田などとともに立ち去った。

近藤勇は新撰組の隊士と別れてからはおうおうとしてたのしまずにいた。しかし土方歳三にはげまされて再度の挙兵を思いたち、大久保大和の変名をもちいて流山《ながれやま》におもむき江戸を脱走した幕兵を糾合してたちまち百数十人の同志をえた。

このとき官軍は江戸の三面を包囲して脱走兵を逮捕解散せしめていたが、流山に屯集の一団があるというので手配をなし、隊長みずから本陣にくるように使者をだしたので、勇は弁解の辞をつくしてその場を逃れようと決心し、官軍の陣営におもむくと、そこにさきに暗殺した伊東甲子太郎の同志であった加納鷗雄がおって、大久保は近藤の変名であることを看破され、そくざに捕縛されてしまった。

官軍の参謀香川敬三は近藤勇の武勇をふかくおしみ官軍に降伏をすすめたが、近藤は、「官軍とはそもそも朝廷の兵か、薩長の兵か拙者にはわかりもうさぬ」とて、きかず、ついに板橋の刑場に送られた。近藤勇の態度は、じつに俎上《そじょう》の鯉《こい》のりっぱな武士であった。ときは慶応四年四月二十五日、おりから小雨の晴れ間に刑場の庭にすわった勇は係りの役人にこうて髪月代《さかやき》をととのえ、懐紙に二詩の辞世をしたためて首をのべて斬らせた。行年三十五歳。土方歳三はこれを聞いて流山を逃れ、明治二年箱館戦争で壮烈なさいごをとげた。このとき行年おなじく三十五歳であった。

［解説⑦］　名を変え、隊名を変え

新選組はかつての新選組ではなかった。徳川家のために粉骨砕身したものの幕府は崩壊、その幕府からも賊徒扱いされた。近藤は新選組を「甲陽鎮撫隊《こうようちんぶたい》」と改めて再起をかけ、土方も髪を総髪にし、洋装に着替えた。近藤は大久保剛《おおくぼつよし》のち大和《やまと》、土方は内藤隼人《ないとうはやと》と改名した。

近藤は隊士に「戦いに勝利すれば、俺は十万石の大名、土方君は五万石の若年寄に昇格、みんなにもそれぞれの地位を与え、甲府城へ慶喜公をお迎えしたい」と熱く語った。

当初、甲陽鎮撫隊の応募は二十人足らず、徳川のみじめさを思い知らされた。それでも旧幕府は近藤に二四〇〇両の軍資金を支給し、会津藩と幕医・松本良順から大枚を貰い、さらに大砲二門、小銃五〇〇挺、実弾一人一〇〇〇発を配給し、隊士も八〇人を数えた。沖田はこの戦いに参戦を望んだが、病状が悪化して叶えられなかった。

悪天候にはばまれて出陣が遅れていた甲陽鎮撫隊は、慶応四年（一八六八）三月一日にようやく出陣した。そのころ板垣退助率いる新政府軍がすでに甲府城を占拠していた。甲陽鎮撫隊は近藤が指揮し、土方が援軍の菜葉隊を求めてひきかえしていた。戦況が不利になると不平不満が兵士のなかででてきた。永倉らが近藤に問いただすと、近藤は苦し紛れに会津兵三〇〇人が猿橋宿まできている、と同志を欺くよりほかなかった。遅くとも明朝には援軍がくるはずであり、ともに戦うと同志に伝え、ようやく承知させた。しかし、援軍はこず、新政府軍の前に甲陽鎮撫隊は敗走を余儀なくされた。永倉・原田・斎藤らは近藤の行為に立腹し、決別すると言い出したので、八王寺にいる隊士らの統率を永倉に任せることにした。

永倉は江戸に戻り、「近藤が会津に下るといえば従うが、それが不承知ならばこれまで」と近藤に伝えてほしいといった。だが、近藤は甲府城に再起をかけたため、十一日、永倉・原田らの同志は靖兵隊を組織し、近藤・土方と最期の決別となった。永倉は『浪士文久報国記事』で「新選組瓦解と相成る」と述べ、同志とともに深川冬木町の芳賀宜道のもとを訪ねた。その後、歩兵頭取米田桂治郎の組下となり、和田倉門内の会津藩邸を屯所とした。

近藤は五平衛新田の金子邸に投宿し、四月一日、流山へと移った。このとき近藤は大久保大和と名乗ったが、隊士二三〇人はほとんどが新選組でなく旧幕府軍の敗走兵だった。

三日、流山の味噌醸造元の長岡屋に本陣を置いた。だが、新政府軍に見つかり近藤は出頭を命じられた。近藤は新政府軍の本陣である板橋へ村上三郎・野村利三郎を従えて出頭した。土方は幕臣の大久保一翁、勝海舟へ近藤の助命嘆願に江戸へ向かったが、海舟は弟子の望月《もちづき》亀弥太《かめやた》が池田屋で新選組に斬られたこともあり、聞き入れなかった。

十三日、板橋で近藤は足かせをつけられ、牢に入れられた。翌日、板橋脇本陣の名主豊田家に送られて幽閉され、取り調べを受けた。この時、近藤は伊東一派の清原清、加納鷲雄の検分で正体が見破られてしまう。

『島田魁日記』は近藤の最期にふれ「同二十五日、板橋で斬られた。近藤公の死に臨む顔色は平生とかわりなく従容《しょうよう》として死につき、見る者は涙を流して近藤公を惜しんだ。実に古今の無双の人傑である」とある。近藤は介錯をつとめた横倉喜三次《よこくらきさんじ》に「よろしく頼む」といって生涯を終えた。横倉は褒賞金で法要を営んでいる。

近藤の首は檜の箱に二重に詰められ京都三条河原に晒された。霊山歴史館が入手した近藤の愛刀に貼り付けられた、若松市長松江豊寿による添え書きには、「下僕」が近藤の首を盗み、会津で埋葬したと書かれており、埋葬地は会津若松市の天寧寺といわれている。

会津転戦——

あらたに靖兵隊を組織、佐幕党会津に投ず

五年の苦楽をともにつくした近藤勇と袂をわかった永倉新八は心おおいに期するところあり、

「こうなれば貴殿と死生をおなじゅうするでござろう」と誓った原田、矢田の両人をともなって和泉橋から深川冬木町の弁天社内に居住している剣士芳賀宜道を訪ねていった。芳賀とはだれあろう。永倉が前年松前藩を脱して剣道修業のおりから、武者修行をともにした市川宇八郎の後身である。

市川は激烈な攘夷論を唱えて藩論とあわず、ながのいとまとなって旗本の芳賀姓へ養子となり、御書院組に列せられ三百石を領していた。それに剣術柔道にすぐれているところから、かねて学問所取締に出仕している。ひさびさで再会した両人は手をにぎってたがいにぶじを祝しあい酒をくみつつ話はそれからそれとつきない。永倉は近藤勇とあい識って新撰組を組織したことからそのごの顚末を語り、ついで近藤と訣別したことにおよび、さらに、

「このうえは貴殿と同盟して徳川の声誉回復につとめようとぞんじ、拙者と死生をちかった

原田、矢田の両所と同道してまかりこしたしだいでござる」とむすんだ。すると芳賀はこれにだいさんせいで、そくざに一隊を組織することに決定しただちに趣意書をしたためて発表した。

これを聞いて元新撰組にいた林信太郎、前野五郎、中条常八郎、松本喜三郎らが集まり、これに諸藩の脱走者、旗本など約五十名ばかりたちどころに募りに応じてくる。そこでこれを靖兵隊《せいへいたい》と名づけ、隊長は芳賀宜道、副長永倉新八、原田左之助、士官取締に矢田賢之助をえらび歩兵取締に林、前野、中条、松本の四名を指定する。幕府は靖兵隊の成立をよろこんで歩兵五十名を増派し気勢をそえた。ところがなにぶんにもきゅうの組織とてでぜまでいたしかたないので、当時和田倉門内会津屋敷跡に屯所をおき、幕府の歩兵三百をあずかる米田圭次郎の一隊に合併することとなり、深川から一同ひき移って毎日フランス式の訓練をやっていた。

慶応四年四月一日、江戸城はぶじに官軍の手にわたされ事実において徳川幕府はまったくたおれてしまった。江戸に住む幕臣や佐幕党の志士はいたたまれないのでおおく会津へ脱走した。靖兵隊も江戸明け渡しの前日水戸街道を会津へ走った。山崎宿で副長の原田は妻子の愛着にひかされ辞をもうけて江戸へひきかえしたが、官軍は江戸をかこんでふたたび靖兵隊に帰ることができず、神保伯耆守《じんぼほうきのかみ》の募った彰義隊に投じて上野戦争に戦死をとげた。

靖兵隊は岩井宿をへて室宿《むろじゅく》へすすみ小山《おやま》の官軍をやぶって十九日鹿沼宿《かぬまじゅく》に着いた。そこへ幕兵をひきゆる大鳥圭介《おおとりけいすけ》が会津の秋月悌次郎のひきゆる同藩兵に合して明朝宇都宮を攻めるというておしよせてくるのにあった。靖兵隊もこれに合して翌早朝大砲二門で城中にうちこみ三隊を両面にわけて猛烈に攻めた。永倉は例の抜刀で塀を乗りこえて敵兵のなかにおどりこみ、あたるをさいわいなぎたてる。城兵はこの勢いに閉口してたちまち総崩れとなり壬生《みぶ》をさしてしりぞいた。このとき城兵は逃げながら三千両の軍用金をお濠にとうじたのをみて、永倉はこれをひきあげ、二千両を大鳥にわたし千両を靖兵隊の軍用金にあてた。

幕軍宇都宮を棄つ、会津大戦の機熟す

宇都宮の城兵を壬生に追いのけた大鳥の幕軍や靖兵隊は、宇都宮をすてて幕田《まくた》ケ原《はら》に陣取った。矢田賢之助は乗馬で敵地ふかくすすみいり、官軍の陣形から兵力などをさぐり宇都宮の兵は土佐の兵に助けられていることを知った。二十四日、おりからの雨をついて幕軍は壬生の城を攻めたが、靖兵隊は雨に弾薬をぬらして撃つことができない。そこで永倉は抜刀

隊をつくって先頭にたち銃丸をおかして奮戦していたが、一弾飛びきたって二の腕をかすり軽傷を負うた。しかしなおもひるまず指揮するうち官軍は大部隊をもって圧迫するので漸次苦戦におちいり、ついに幕田ケ原をすてて宇都宮をしりぞいたが、ここも守りきれず日光街道にはしって今市宿《いまいちじゅく》に拠《よ》った。

この合戦で幕臣の米田圭次郎が重傷を負い、その他負傷者がなかなかにおおい。そこへ松平太郎が軍用金二百両をたずさえて見舞いにきた。医者も同道してきて負傷者に手当をさせる。そして大鳥圭介にむかって、

「幕軍がここにいると官軍は兵力をさいて攻めきたり、ついに日光の神苑をおかすようなことがないともかぎらぬ。よって負傷者の手当がすんだらただちに会津に出発をねがいたい」

という。

これには大鳥ももっとものしだいであるとさっそく承諾し、東照宮にある家康の木像をとりいだし一小隊の警衛を付して会津の城内にうつった。幕兵と靖兵隊もまもなく田島宿へ着いた会津兵と連絡をたもち兵を休養すること数日におよんだ。

ついで靖兵隊は芳賀隊長、永倉副長を頭目にして結城総督の幕下に属しおもきをおかれていた。官軍はもはや先鋒を日光街道の茶臼山に備えたとの注進がくると、宇都宮藩の高倉宿

に本陣をかまえていた結城総督は永倉新八をまねきて、屈強の壮士十名と猟夫五十名をさずけ、茶臼山の官軍を追いはらえと命ずる。永倉はすなわち間道からしのびよって敵のふいをつき抜刀で斬りこんで、逃ぐるものは嶮岨《けんそ》な山道にふせた猟夫の手で一発のもとに射撃する。そして番兵をおいてひきあげた。かかるあいだにも戦機はようやく熟してきた。官軍も幕軍も備えをたて兵を配して一挙に事を決しようとした。

永倉新八は靖兵隊をひきいて今市宿の官軍にむかった。日光街道へさしかかると、敵は砲火をひらき銃丸を雨霰とそそぎかける。士官取締矢田賢之助は大杉の陰にかくれて隊士を指揮するうち一弾に眼の下を射られて即死した。永倉はそれとみて矢田の首をかくそうとしたが敵弾がはげしくてよりつけぬ。ようやく地上をほうてちかづき戦友の首を斬りおとしてなおも指揮するうち日はとっぷりと暮れて戦いはしぜんとやんだ。精鋭を集めた靖兵隊もこの日の激戦で戦死二十、負傷三十名をだした。永倉は隊をひきまとめ戦友の首級を手にして高徳宿までひきあげそこで矢田の首を高徳寺にほうむった。

官軍高徳に大敗す、輪王寺宮《りんのうじのみや》白石入城

靖兵隊の属する結城総督のひきいる一軍はしきりに官軍をなやまし兵勢一時にあがるにかかわらず、大鳥総督の一軍はさらにふるわず、兵はようやく倦《う》んで総督を非難する声がたかまってくる。これよりさき会津の博徒二十名が今市と高徳のあいだに潜伏して、鍋島の藩兵二百名を引率してきた鍋島嘉平を襲い、嘉平の首を打って逃走した。すると鍋島の兵は土佐の兵に合して嘉平の弔合戦《とむらいがっせん》だといって猛烈に押しよせてきた。結城総督の一隊がそれをひきうけて大鳥総督の一隊がきずいた胸壁により歩兵を前方にだしてわざと退却させ、永倉その他の士官や剣士の待ちぶせる胸壁まで敵をおびきよせた。

かくともしらず勢はするどく鍋島や土佐の兵が胸壁の上へ現れるところを下から大刀で串刺しとなし、これはとおどろく敵兵のなかへおどりこんで縦横に斬りまくれば、たちまち両藩の兵が総崩れとなって退却をはじめる。永倉は靖兵隊の勇士を指揮してなおも追いまわせば、敵はまったく潰走しついに絹川へ追いつめられて溺死をとげるものかずしれぬ。この合戦に幕軍の分捕《ぶんど》った兵糧、大砲、小銃、弾薬は山をきずき未曾有《みぞう》の大勝利であった。ところ

が激戦がすんでから大鳥総督のいないのに気がつき百方さがしてもみあたらない。たぶん戦死したものであろうと思っていると、翌日山中からすましてでてきたので幕兵はおおいにいきどおり、「総督ともあろうものがけしからぬ、射ってしまえ」とさわぎたてたので、さすがの大鳥圭介も色をうしなって会津をさして逃げていった。

さるほどに、上野輪王寺宮《りんのうじのみや》には幕府を助けんとおぼしめされ、駕籠を仙台藩片倉小十郎の白石城にすすめられ奥羽各藩をめされて会津肥後守と同一行動をとるようにさとされた。宮はさらに結城総督をよびよせられて「五月八日までに官軍の手から日光を奪還せよ」との旨を伝えさせたもうた。結城総督はさっそくおうけしてその場をしりぞき靖兵隊の芳賀と永倉をよんで宮の御命令を伝えると、芳賀と永倉は「それでは靖兵隊は林信太郎、前野五郎の指揮にまかせ、われらはこれから会津にひきかえして会津の藩兵を借りて日光へおもむくでござろう」と結城の添書《てんしょ》をもらい、その場から会津の城下へといそいだ。それは四月の二十一日であった。

会津城下へ着いて酒造家の石塚という家に一泊し、翌早朝城内へはいろうと寝につくとその朝の午前六時ごろというに、遠方であたかも桶屋の箍《たが》を結うような音が聞こえる。両人は寝室にあてられた土蔵の窓をおしひらいてみると、城下ははやくも官軍がおしよせると聞いて避難する老若男女が右往左往に行き交う大混乱である。さてはいまの音は官軍のうちだす砲音であったかと床をけってたちあがり身仕度して、家人やあると母屋のほうへきてみるとひとりもおらぬ。とかくするまに砲声はしだいにちかづき、いまは銃丸さえとんできて土蔵や母屋の屋根にバラバラとくだけ散る。永倉が台所へいってみると飯米は釜に焚けたまま竈《かまど》にかけてあるので、芳賀をよんで薄暗い行灯《あんどん》の影をたよりに十分腹をととのえ、店にある酒をくんで勢いをつけ逸足《かけ》だして城門へかかると、「城内の兵備はもはや十分でござる」とてなかなか入れそうもない。そこでやむをえず両人は「このうえは結城の原隊に帰ろう」と高徳宿へとってかえした。

雲井竜雄に知らる、藩論二派にわかれる

会津の城下から高徳宿をさしていく永倉と芳賀の両人が、まだ明けやらぬ若松城のほうをふりかえれば、三面をかこむ官軍からうちだす砲声に小銃の音がみだれ、ときどき喊《とき》（鬨）の声さえおこってものすごいありさまであった。半里ほどもきたと思うところに黒川の流れがある。橋は落ち船はこわされて城からのがれて避難してきた老若男女は、狂乱のおりから

とてわれをわすれて河中に飛びこみむこうの岸におし渡ろうとすると、矢のような急流に足をすくわれてみるみる下流におしながさるるもの数を知らず。永倉、芳賀の両人もゆうよならずと衣類から大小刀まで頭の上へ縛りつけ、四本の手を組み合わせてさぐり足に河を渡ってようやくむこうの岸へ着いた。

こうして高徳へいそぐとちゅう、はからずも結城総督が部下をまとめて会津をさしてくるのに出会った。聞けば若松城が官軍の重囲に落ちたとの急報に接して切迫せぬうちに若松城にはいろうというのである。それではいっしょにひきかえそうというおりしも、結城は永倉と芳賀へ米沢藩の傑士小島竜（辰）三郎こと雲井竜雄を紹介した。

雲井は永倉にむかって、

「拙者はさきごろまで上州を遍歴いたし、沼田の土岐山城守や前橋の松平大和守を説得いたし佐幕党にいたしてござる。会津危急とうけたまわり帰藩せんといそぐおりから結城殿にご面会いたし、ご両所の勇名もしょうちつかまつった。そこでひとつご相談があるが、いかがでござろう。ご両所もこれよりいたして米沢へ拙者と同道めされ、米沢の兵をひきいて会津を救うようにしてはくださるまいか」と相談した。永倉と芳賀は雲井にこうすすめられて心おおいに動き、そこで結城総督の意見を聞くと、

「それもよろしかろう」と賛成したので、三人は会津路を白石路に変更して米沢へといそいだ。

藩の関所ははや厳重な取締りで、百匁《もんめ》鉄砲百人隊をおき通行人をいちいち調べる。永倉はその鉄砲隊の兵のなかからかつて新撰組の伍長であった近藤芳助を見いだした。芳助は永倉の要用を聞いて「それではいっしょにつれていってもらいたい」というので雲井の承諾をえて一行四人で米沢の城下にはいる。このとき藩論は佐幕と勤王の二派にわかれ、軋轢《あつれき》がなかなかはげしくて会津救援出陣のほどもおぼつかない。雲井はむろん佐幕党の重鎮であるから一味のものにその帰藩をよろこばれたが、それだけ反対党の嫉視と忌憚《きたん》の眼をむけられ、はては刺客さえつけるようすに永倉、芳賀、近藤の三人は昼夜これを保護せねばならないしまつとなった。

藩論はついにまとまらず永倉らがいたずらに脾肉《ひにく》を嘆じてるうち、その年の九月若松城はついに落城した。永倉と芳賀はこの報を聞いていつまで米沢にいたところでいたしかたがないから江戸にひきかえして奔走しようと雲井に相談すると、雲井はしばし考えていたが、「御両所、官軍の勢いがこう猛烈ではとても江戸への帰還はむずかしかろうとぞんずる。それよりも上杉藩につかえてはくださるまいか。藩侯へすすめて百石ずつの禄《ろく》を賜るようとりはからうでござろう」とすすめたが、永倉も芳賀も二君につかえる心底はござらぬと、雲井の厚意を固辞し、ついに袂をわかつことになった。

町人姿にて出発す、永倉関所であやしまる

雲井竜雄と袂をわかって江戸にかえろうとする永倉、芳賀の両人は越後路を迂廻《うかい》することにした。侍姿ではとても官軍の眼をくらますことはできぬというので両人は大髻《おおたぶさ》を丁髷《ちょんまげ》になおして町人姿にかえ、芳賀は生糸《きいと》買いと称して吉兵衛、永倉は馬具職人とふれこんで喜八と名のり、雲井に大小刀をあずけ、「江戸でふたたびご面会いたそう、さらばでござる」と、十一月一日米沢城下をあとにすると、越後の関所は官軍の手でかためている。両人は宿場の旅宿で、女将《おかみ》に徳川脱走のものであると打ちあけ、どうにかして関所をぶじにこすくふうはあるまいかと相談すると、

「百姓姿にばけて土地の百姓にあんないさせ、お調べのときにはその百姓にお答えをさせるようにしてはいかがさまで」というので、町人姿をさらに農夫ていにあらため、土地の農夫をあんないにたのんでまんまと関所を通りぬけた。

越後をぬけて会津領に入り津山峠の絶頂で吹雪になやまされ、溝口藩のかためも越後の百姓でおしとおし、日をかさねて結城城下へは鰍川《かじかがわ》を舟で、しかも荷物の箱のなかにひそんでぶじについた。すると城下をはなれるところに関門があってひと足おくれに永倉はとうとう捕まった。そこの取調べはなかなか厳重で、

「ひとり旅はあいならぬ。江戸はいずこへまいるぞ」ととわれ、永倉はでたらめに、

「小舟町の伊勢屋忠兵衛方へまいります」と答えると、役人は帳面をひっくりかえしてさがしていたが、

「伊勢屋忠兵衛などともうす旅宿はない、いよいよもって胡乱《うろん》なやつ」とあやしみ、はてはますますふかく取調べ牢屋におしこみまじき形勢となったが、先刻からだまって見ていたひとりの役人が、

「アイヤご同役、さいぜんからこの者のようすをみるに、さしてあやしいものともおぼえもうさぬ。このままゆるされてもだいじはござるまい」といったので永倉はようやく虎口《ここう》をのがれ、夕陽の影をあびて小山宿に芳賀をさがしあてた。

その晩、石橋の宿で旅宿へとまると、たまたま合《あい》(相)宿《やど》となったひとりの町人はしきりに両人の姿に目をつけていたが、

「あなたさまがたはもしや徳川脱走のかたがたではござりませぬか」というので、両人はぎょっとしたが、しだいによっては絞殺してくれんと、

「いかにもわれわれは脱走のものでござる」と答えると、かの町人は、

「じつはわたしももと旗本でござりましたが、ゆえあって町人にさがり、ただいまでは洲崎に遊女屋渡世をいたしまする大黒屋藤吉ともうす者でござります。徳川脱走のかたとあれば、ぜひともお力になって江戸までお供いたしましょう」と道づれになった。

その後は藤吉のはからいで、どこの関所もやすやすとうち通り浅草へついて山谷《さんや》の重箱《じゅうばこ》でひさしぶりに江戸前のうなぎで腹をみたすと、藤吉は
「こんばんはともかくお客さままでわたしどもへおこしください」とすすめるのでそのこととし、翌日はさらに鉄砲洲にある藤吉の別荘にうつり二十日あまりも藤吉の好意で潜伏していたが、いつまで世話になるもせんないことと、芳賀の妻女がそのころ浅草三軒町にいたので、両人は町人姿のままそこへひき移りしばらくここにしのぶことになったが、脱走追及もややゆるんだとはいうものの、両人は万一のため懐中に脇差をかくして外出していた。

芳賀義兄に打たる、狙う身狙わるる身

三百年の徳川栄華の夢醒《さ》めて世は明治の維新となり、佐幕の志士は脱走の名をおわされて日陰の身をしのぶ。江戸は東京とあらたまって永倉と芳賀の両人もあわれ町人姿ならでは往来もできぬきゅうくつな身のうえ。ある日芳賀は深川の冬木弁天社へいくといって浅草の家をでた。すると途中はからずも妻の実兄にあたる藤野亦八郎に会った。

亦八郎はそのころ官軍の脱走取締をつとめていて部下を五、六人ひきつれていた。ひさしぶりだというので両人は付近の鮨屋《すしや》にあがって久闊《きゅうかつ》の話にふけったが、酒のまわるにつれて芳賀は亦八郎の官軍へ投じたことをせめ、譜代の徳川の恩にそむいた罪をならす。だんだん双方の話が激してついにけんかとなり、芳賀は柔道で亦八郎を組みしき、いがみあう物音を藤野の部下が聞きつけてかけつけ、大勢でやにわに芳賀を斬ってしまい、死体はむざんにも菰《こも》につつんで河へ投げすてた。

ほどへて右の顛末を芳賀の妻が聞いて、

「いかに肉親の兄なればとてあまりのいたしかた、永倉さまなにとぞ夫の仇《あだ》を両人の遺児《こども》に打（討）たしてください」と泣いて永倉の袖にすがった。永倉も無二の親友を殺されてむねんやるせなく、そくざにそれをひきうけて藤野のあとをつけたが、藤野は身のうえ危うしと感づいて箱館へ転勤をねがいでて、赴任のとちゅう病没したので仇討ちはしぜんさたやみになった。

かくて永倉は浪人ではとても身をかくしきれぬと観念し、松前藩へ帰参をねがいでて、明治二年二月松前崇広《たかひろ》侯の家老下国東七郎《しもくにとうしちろう》のはからいできさとどけられ百五十石でめしいだされ、藩邸の長屋に住んで毎日藩のフランス伝習隊に歩兵教習をさずけ調練をやる。戦場往来の永倉がよく兵法の呼吸をのみこんでいるので、その調練ぶりは異彩をはなち藩中の評判になっていた。

一日永倉はおりからの休みをさいわいに気保養がてら市中を散策していると、ふと両国橋の上で新撰組で前年暗殺した伊東甲子太郎の実弟鈴木三樹三郎に出会った。永倉はしまったとは思ったがいまさらひきかえすこともできぬ。両人のあいだはしだいにちかよって鈴木の眼には異様の光がかがやいた。そして、

「やァしばらくでござったナ、貴公はただいまいずこにおられるか」と鈴木が聞くので永倉は、

「拙者は松前藩に帰参いたしてござる」

「それではいずれまたお目にかかる機会もござろう」とすれちがったので、永倉も会釈してわかれた。

しかし鈴木は兄伊東の仇敵《きゅうてき》として永倉をそのまま見逃すはずがない。ただちにひきかえして斬りつくるのではあるまいかと永倉がふりかえると、鈴木もふりかえってじっと見ている。永倉はさてこそとかくごして袴の股立《ももだち》をとりしたくをして待っていたが、鈴木はとてもかなわぬと思ったか、そのまま黙っていってしまう。それから数日たつとはたして鈴木の一味が永倉をつけまわし、門外一歩をふみだそうものなら、たちまち手をくだす気勢をしめした。そこで永倉は家老の下国東七郎に面会して事情を述べ、

「かくかくのしだいでござれば万一斬りこんでまいろうものなら藩侯の名前もでることゆえ、一時拙者に暇《いとま》をたまわるようとりはからわれたくぞんずる」ともうしでた。しかし下国家老は永倉をかばって自宅にひそませ刺客の難をすくった。

藩医杉村姓をつぐ、香華《こうげ》に剣友を弔う

刺客をさける身の永倉、ある日やみがたき用事をおびて両国橋へさしかかると、橋ぎわに高札が建ててあって黒山のような人だかり。なにごとやらんとそのそばへいくと、こはいかにその立て札のおもてには、

「米藩雲井竜雄儀よういならざる陰謀あり、小塚原《こづかっぱら》において斬首すべきものなり」

との意味が書いてある。永倉はおどろいて足を宙にとばして小塚原にきてみると、はや雲井竜雄の首がさらされてある。永倉はそれを見るより満眼の血涙一時に湧きいで「アア徳川幕府の命脈もここにまったく絶えはてた」と慟哭してやまなかった。竜雄はじつに徳川の遺臣をまとめて薩長の遺臣とさいごの決戦をやろうと、永倉とかたく約束していたのであった。

事こころざしとたがえる永倉はついに世ののぞみを絶ってまったく隠退の決心までしたが、家老の下国はある日永倉をよんで、

「貴公もいつまで潜伏してもおられまい。じつは福山にいる藩医の杉村松柏《すぎむらしょうはく》から養子をひとりほしいとたのまれてある。杉村は医者でこそあれ、榎本釜次郎その他が函（箱）館に立

て籠り福山を荒らしたとき、たぐいまれなる働きをいたし藩侯からご加増をたまわったほどの人物、娘をきねともうし家族はいたって無人《ぶにん》とうけたまわる。福山にまいったとわかればいかなる三樹三郎もあとを追うこともあるまい。ことにはこのたび法令をもって私心をもって人を殺すことあいならぬと天朝から布令がでた。どうじゃ杉村にいく気はないかの」と親身の相談、永倉は考えた。世がこう変わってはしばらく時勢をみるよりいたしかたがないと観念し、また下国家老のしんせつもいなみがたくて、ついにその相談に応じて杉村家へいくことになった。

明治三年三月永倉は東京を出発して福山に着し杉村松柏の養子となった。そして四月一日から役付となってフランス伝習隊の調練をやるようになった。藩主はかねて勤王攘夷の説をとなえた人とて藩論もそれにかたむき、永倉が福山にはいってから同志もまとまり、「継述《けいじゅつ》隊《たい》」という一隊を組織して他日おおいになすところあらんと意気組《いきぐ》んでいた。しかし明治の世は日をかさぬるとともに世界的に多事多忙となり、うちわもめばかりを能としてはおられぬ。継述隊も時勢の光にうちけされて、はては攘夷という声さえ聞かれなくなった。

永倉新八こと杉村新八は明治八年五月七日、家督を相続して名を義衛《よしえ》とあらため、十五年十月樺戸《かばと》監獄に剣術師範として聘《へい》され、十九年辞職したが同年上京の途次、函館に土方歳三、

永倉新八の墓碑(東京都北区)

伊庭《いば》八郎の剣友を碧血碑《へきけつひ》にとむらい、米沢では雲井竜雄の妻女を訪い、上京してからは居を牛込《うしごめ》にかまえて撃剣の道場をひらいて聖代の武術を練る道をおしえた。

また京阪地方を遊歴するうち、はからずも新撰組時代に京都でもうけた娘の磯子にあって親子の対面をする。磯子はそのころ女優となって尾上《おのえ》小亀《こかめ》と名のっていた。小樽へ帰ったのは明治三十二年で、その後は長男の義太郎、二女ゆき子の二子につかえられ老の余生をいとやすらかにおくった。

死生のあいだをくぐること百余回、おもえば生存するのがふしぎなくらいの身を、大正の聖代まで生きのびて往年の敵も味方もおなじ仏壇に朝な夕なのとむらいの鐘の音をたたぬ。

（おわり）

（自大正二年三月至六月　小樽新聞掲載）

［解説⑧］　永倉・土方・斎藤と会津戦争

永倉は近藤らと決別し、芳賀宜道とともに下野国小山宿・宇都宮・日光口と転戦して、田島宿で会津藩士・山川大内蔵（大蔵）と合流する。永倉らが率いていた遊軍隊は、隊頭を芳賀、副長を永倉、伍長を前野五郎・林信太郎、歩兵取締を中山重蔵・林庄吉、小荷駄を渡瀬善太郎らと総勢八十人の編成であった。その後、芳賀は同志の人望を失い、隊頭を永倉に譲った。永倉らは今市の新政府軍と激戦を繰り返した。

『島田魁日記』は土方が会津戦争で指揮をとれなかったことにふれ、「我輩（島田）、漢一郎、中島登、畠山二郎、（土方の馬丁の）沢忠介、松沢音造を引き連れ、大内通りより二十九日、会津城下の七日町清水屋へ到着する」とある。土方は宇都宮の戦いで足指を撃たれて負傷したといわれ、島田魁の肩をかりていたが、慶応四年（一八六八）四月二十三日、馬で会津に向かった。また、土方は兵力温存のため、城下に潜伏していた斎藤一を自らの代わりに新選組の隊長に就任させた。斎藤の起用は、古参隊士であり、伊東一派に対するスパイ活動を成功させた実績があり、なにより信頼のおける人物であったからだ。

『島田魁日記』には、斎藤の動向について、「新選組隊長に山口二郎（斎藤）が命ぜられ、新選組百三十余人を引率して、白河の方面へ出張の命があり、閏四月五日、新選組は会津公（松平容保）に拝謁した。会津公から金を若干賜り、同六日、出陣する」とある。斎藤のもとで再編し、戦いに挑んでいることから「会津新選組」と呼ぶ。

閏四月二十日、会津兵と新選組は白河城を陥落させ、白坂関門を守備した。しかし、二十五日、新政府軍との戦いで隊士の菊池央が戦死し、白河城はすぐ奪還されてしまう。つづく五月一日、黒川の戦いで隊士の伊藤鉄五郎が戦死した。その後も七度にわたり奪還作戦を試みるも失敗した。

白河で負傷した島田は福良の病院で治療を受けた。そのとき松平容保が隠居し、その子の喜徳から見舞金二十五両を賜った。土方も同じところで治療し七月に戦線復帰するが、指揮は斎藤に任せていた。

八月十八日、永倉は会津城下に収容した負傷者のうち軽傷者や全快した者を迎えに、芳賀とともに高原宿を出発し会津に向かった。しかし、城下は会津城攻防戦によって混乱していた。永倉は会津救援のため、会津に援軍を送るといわれていた米沢藩へ向かった。

しかし、三十一藩で結成された奥羽越列藩同盟は脱落する藩が続出し、ついに米沢藩の挫折で、会津救援の夢ははかなく消えた。その後も永倉と芳賀は米沢に潜伏した。土方は援軍を求め庄内へ向かったが、米沢藩の新政府への恭順で庄内への通行を拒否された。

会津藩は徹底抗戦の構えで、まさに一藩皆兵で立ち上がり、中野竹子らが娘子軍《じょうしぐん》を結成して参戦した。旧幕府軍は母成峠を絶対防衛ラインとする作戦を立てたが、二十三日、母成峠が破られ、新政府軍は大山弥助が指揮をとり城下を鎮圧した。新選組の会津入城は不可能となり、この瞬間、新選組は事実上瓦解した。斎藤は「落城せんとするを見て、志を捨て去る、誠義にあらず」(谷口四郎兵衛日記)の信条を吐露し、会津に留まる決意をした。

新撰組資料

同志連名記——杉村義衛遺稿

先考が同志とともに活躍せる永倉新八時代の行動を記述せる遺稿は前年某に貸与せるまま行方不明となりはなはだ遺憾とするところであるが、今回はしなくも先考の筆になる同志連名を発見した。これによると、京都壬生村における新撰組首唱者ならびに京大坂および江戸にて募集せる隊士の藩名より入隊後の職名、戦死、病歿その他一目瞭然たるものがある。加うるに慶応三年十二月京都堀川の新撰組邸をひきはらい伏見奉行邸へたてこもりたる人名や、東京へひきあげたる人名ももれなく記載しあり、本篇の長物語と対照してそのかん興味しんしんたるものがある。しかして一面これは新撰組に対する貴重なる研究材料たるべきことを信ずる。

編　者　識　す

京都壬生村における新撰組首唱者、すなわち京都に残留せし十三名

水戸浪士　芹沢　鴨　京都壬生村八木源之丞宅において暗殺せらる

御府内浪士　近藤　勇　江戸板橋宿滝ノ川において死刑

近藤勇門人　土方歳三　箱館にて戦死

伊予松山脱藩　原田左之助　東京本所猿江町神保伯耆守邸において銃瘡にて死

御府内浪士　藤堂平助　藤堂和泉守落胤、京都七条通油小路角三浦常治郎に斬り殺さる

水戸脱藩　野口健司　京都壬生村前川荘司宅において切腹

水戸脱藩　新見　錦　京都祇園新地貸座敷渡世山緒宅において切腹

仙台脱藩　山南敬助　京都壬生村前川荘司宅にて切腹

白川脱藩　沖田総司　江戸浅草今戸八幡松本順先生宿にて病死

御府内浪士　井上源三郎　京都淀川千本松脇にて銃瘡戦死

水戸脱藩　平山五郎　京都壬生村八木源之丞方にて寝首切らる

水戸脱藩　平間重助　文久三年九月十八日夜京都壬生村八木源之丞方における事件にて一命危険なりしも助かり翌十九日新撰

組を脱走す

松前脱藩　永倉新八　（のちの杉村義衛大正四年一月五日病死　編者）

以上

＊

東京小石川伝通院にて同盟しともに上京尊王攘夷を唱え松平肥後守おあずけとなり、ついで同志募集いたすよう被申付候《もうしつけられそうろう》新撰組発頭人十三人左のごとし

巨魁隊長　芹沢鴨
隊長　新見錦
隊長　○近藤勇○
隊長　山南敬助
隊長　○土方歳三○
副長助勤　○沖田総司○
副長助勤　○永倉新八○
副長助勤　○原田左之助○
副長助勤　○井上源三郎

副長助勤　藤堂平助
副長助勤　平山五郎
副長助勤　野口健司
副長助勤　平間重助

左の人員は京大坂にて募集いたす（□印文字不明）

対馬浪士　病死す　副長助勤　安比留栄之介
熊本浪士　同　○尾形俊太郎○
播州明石浪士　同　○斎藤一○
大坂浪士　病死　同　谷三十郎
大坂浪士　病死　同　松原忠司
長門浪士　断首　同　佐伯又三郎
京都一月寺脱走　病死　同　安藤早太郎
大坂浪士　銃瘡死　同　○山崎烝
広島浪士　京都島原にて断首　同　浅野薫
出雲浪士　殺害せらる　同　武田観柳斎

盛岡浪士　殺害せらる　浪士調役　○吉村貫一郎

同　大月銀蔵

熊本浪士　同　芦谷昇

一橋脱藩　戦死　同　○大石鍬次郎○

同　○川村隼人○

大垣脱藩　病死　伍長　○島田魁○

大坂浪士　断首　同　川島勝司

大坂浪士　水戸街道にて殺害さる　同　○林信太郎○

藩不明　病死　同　奥沢栄助

阿州徳島浪士　同　○前野五郎

藩不明　病死　同　阿部十郎

京都一月寺脱走　切腹　同　葛山武八郎

丹波亀山浪士　会計方　○岸島芳太郎○

大坂浪士　断首　同　河井耆三郎

同　酒井兵庫

和州植村脱走	病死	同	尾関弥兵衛
		同	○大谷勇雄
京都浪士	断首	国事探偵方	御倉伊勢武
京都浪士	断首	同	荒木田左馬之允
京都浪士	脱走	同	越後三郎
宇都宮浪士	脱走	同	松井竜三郎
		平同士	谷万太郎
		同	谷周平
大坂浪士		同	佐々木愛次郎
		同	佐々木蔵之丞
藩不明	戦死	同	○西岡万助○
御府内浪士	大坂にて戦死	同	三浦常三郎
藩不明	戦死	同	○石井清之進
御府内浪士	切腹	同	○相馬主計○
		同	足立五郎

大坂浪士　戦死　平同士　○野村利三郎○
同　柳田三二郎
同　中村金吾
同　○竹内元三郎
同　馬詰柳□斎
同　馬詰柳太郎
同　馬越□郎
藩不明　戦死　同　○蟻通勘吾○
熊本浪士　同　村上清
藩不明　戦死　同　○田村太三郎
同　新田角右衛門
同　○富永政之助○
同　木内峯太
盛岡浪士　同　斯波緑之助
同　石川伊太郎

京都浪士　脱走　平同士　松永主計
同　○山野八十八○
同　江畑三郎
同　松崎静馬
京都浪士　断首　同　楠小十郎
同　角田五郎
藩不明　戦死　同　○森平八
同　○玉置伊之助○
同　石井伊之助
同　正木鉄之助
同　○上坂甲太郎○
同　大町綱太郎
同　岩崎一郎○
同　布施多喜人
同　石川三郎

平同士　松原幾太郎○

*

左の人員は江戸表御用により近藤勇、永倉新八、尾形俊太郎、武田観柳斎出張し御用ずみのうえ同志として加盟せしむ

水戸浪士　脱走　参謀役　伊東甲子太郎
同　上　副長助勤　鈴木三樹三郎
久留米浪士　浪士調役　篠原泰之進
御府内浪士　殺害　同　服部武雄
同　同　新井忠雄
京都浪士　病死　同　安藤勇太郎
津軽弘前脱藩　殺害　同　毛内有之助
御府内浪士　淀堤にて戦死　伍長　○伊東鉄五郎
御府内浪士　生存川村三郎と称す　同　○近藤芳祐○
同　同　○久米部正親○
同　同　加納鵰雄

伍長	中西昇	同	
同	○小原幸造○	同	
同	富山弥兵衛	薩州脱藩	戦死
同	○中村小三郎○		
同	○池田小太郎	御府内浪士	淀堤にて戦死
同	橋本皆助	大和郡山脱藩	切腹
同	茨木司		（京都黒谷松平肥後守使者の間にて切腹す　伊東甲子太郎の同志なり）
会計方	○青柳牧太夫	藩不明	戦死
同	○中村玄道○	久留米浪士	病死
同	○安富才輔○	御府内浪士	
同	○神崎一二三○	御府内浪士	
平同士	佐野七五三之進		（伊東甲子太郎に同意し申しわけあい立たず京都黒谷松平肥後守使者の間において茨木司とともに切腹す）
同	富川十郎		
同	中村五郎		
同	後藤大助		

平同士	○小林幸之助	
同	柴田勝三郎	藩 不明 切腹
同	吉田寅之助	京都浪士 切腹
同	田内知	藩 不明 切腹
同	○舟津謙太郎	藩 不明 戦死
同	篠崎慎八郎	藩 不明 法令違背死刑
同	○古川小二郎	藩 不明 戦死
同	○小林峯三郎	藩 不明 戦死
同	○梅戸勝之進○	
同	○沼尻小文吾○	
同	○田村一郎○	
同	○鈴木直人	
同	○林小三郎	藩 不明 戦死
同	○今井祐三郎	藩 不明 戦死
同	三井貫助	

平同士　○岡島品三郎

藩不明　戦死　同　○水口市松

藩不明　戦死　同　○加賀爪勝太郎○

同　○三品一郎

同　○三品二郎○

同　○佐久間健助○

同　○松本喜三郎○

同　大石酒造之助

役割不明の分

佐久間修理悴親敵討のため勝安房より依頼にて新撰組の食客となる　三浦啓之助

御府内浪士　死刑　横倉甚之助

平同士　○小幡三郎

同　中条常八郎

（右四名はいずれにて同志となりしや遺稿中には不明なるも同志として記載ありとす）

新撰組用達　京屋忠兵衛

美濃大垣侠客　牢死　新撰組用達　水野弥太郎
病死　新撰組部屋頭　若松杢之助

左の人員は土方歳三箱館へ脱走のさい募集せし同志なり

鈴木伝五郎　一橋謙吉　丸山鍋之助　津田丑五郎
柏尾一郎　高橋渡　竹内武雄　東山仙之助
西館登　湊一郎　一瀬寛次　菊池英
北久保清吉　千田兵衛　小堀誠一郎

注意　氏名の上部〇は伏見奉行邸引揚人員　氏名の下部〇は江戸引揚の人員。

矢田賢之助　尾関政一郎　志村民蔵　荒木信太郎
真田腎之助　和田十郎　宮川数馬　岩崎一郎
中条常八郎　木下巌

右人名（十名）は前記人員中に記載なく京都、大坂、江戸、いずれの地にて同盟に加入せるや不明なるも伏見奉行邸引揚人名中に記されあり

矢田賢之助　尾関政一郎　志村民蔵　荒木信太郎

右人名（四名）は前記録中に記載なく京都、大坂、江戸、いずれの地にて同盟加入せるや

不明なるも伏見奉行邸引揚人員中および江戸引揚人員中に記されあり（編者）

＊　＊

慶応三年十二月十一日京都七条通堀川下るところ新撰組邸をひきはらい伏見奉行邸へ立ち退きたてこもりたる人名左のごとし

隊長　近藤　勇　　副長　土方歳三　　副長助勤　沖田総司
副長助勤　永倉新八　　副長助勤　原田左之助　　同　井上源三郎
同　尾形俊太郎　　同　斎藤　一　　同　山崎　烝
浪士調役　大石鍬次郎　　浪士調役　吉村貫一郎　　浪士調役　川村隼人
会計方　岸島芳太郎　　会計方　青柳牧太夫　　会計方　中村玄道
同　矢田賢之助　　同　安富才輔　　同　大谷勇雄
同　神崎一二三　　伍長　島田　魁　　伍長　林　信太郎
伍長　小原幸造　　同　尾関政一郎　　同　伊藤鉄五郎
同　前野五郎　　同　近藤芳祐　　同　志村□蔵
同　□部正親　　同　池田小太郎　　同　中村小三郎
平同士　竹内元三郎　　平同士　西岡万助　　平同士　野村利三郎

平同士　石井清之進　平同士　相馬主計　平同士　蟻通勘吾
同　田村大三郎　同　田村一郎　同　富永政之助
同　山野八十八　同　森　平八　同　玉置伊之助
同　舟津謙太郎　同　梅戸勝之進　同　沼尻小文吾
同　鈴木直人　同　林　小三郎　同　今井祐三郎
同　岡島品三郎　同　水口市松　同　加賀爪勝太郎
同　三品一郎　同　三品二郎　同　佐久間健助
同　荒木信太郎　同　小幡三郎　同　小林幸之助
同　真田腎之助　同　木下　巌　同　和田十郎
同　宮川数馬　同　古川小二郎　同　岩崎一郎
同　上坂幸太郎　同　松本喜三郎　同　小林峯三郎
同　中条常八郎
以　上（□は不明の字なり）

*

江戸へひきあげたる人員左のとおり
隊長　近藤勇　副長　土方歳三　副長助勤　沖田総司

副長助勤　永倉新八
同　斎藤一
会計方　岸島由太郎（岸島由太郎の由は「芳」と書せしもありいずれか判断しがたし）
同　矢内賢之助
同　安富才輔
伍長　林信太郎
同　志村武蔵
同　前野五郎
平同士　野村利三郎
同　田村一郎
同　玉置伊之助
同　松原□太郎
同　梅戸勝之進
同　佐久間健助
同　三品二郎

副長助勤　原田左之助
浪士調役　大石鍬次郎
会計方　中村玄道
同　神崎一二三
伍長　小原幸造
同　久米部正親
同　中村小三郎
平同士　相馬主計
同　富永政之助
同　土方幸太郎
同　松本喜三郎
同　沼尻小文吾
同　荒木信太郎

副長助勤　尾形俊太郎
浪士調役　川村隼人
会計方　大谷勇雄
伍長　島田魁
同　近藤芳祐
同　尾関政一郎
平同士　西岡万助
同　蟻通勘吾
同　山野八十八
同　岩崎一郎
同　中条常八郎
同　加賀爪勝太郎
同　小幡三郎

以上（□は不明の字）

右の人員にて慶応四年三月一日甲州地方へ出張し鶴瀬宿を本陣とし関東鎮撫総督岩倉大納言殿と対戦してのち東京新橋医学所へひきあげ議合わずして大半解散す

＊

遺稿中各記録より抜抄せる左記人名は前掲総人名に対照するも不明なり。録してただここに参照に供す（編者）

水戸浪士　脱走	糟谷俊五郎	大坂浪士　戦死	矢田賢助
御府内浪士　戦死	宮川信吉	同上　淀堤にて戦死	真田腎之助
大坂浪士	尾関政一郎	御府内浪士	内海二郎
戦死	山崎烝	戦死	和田十郎
同	宮川数馬	同	木下巌

〔文庫版解説〕 永倉新八、七十五歳。この一冊が最後の戦いとなった

新選組は幕末の最前線を戦い抜いて、不本意にも「朝敵」の烙印を押された。永倉新八は維新後、なぜ朝廷に背いたことになるのか、と自問しながら永い余生を送ることになった。朝敵という言葉は、今では推し測れないほど重苦しいものだったが、自問を繰り返すほどに、この汚名を晴らすことが、生き残った意味のすべてとなった。

新八の孫の杉村逸郎（私の伯父）はすでに他界したが、晩年の新八と一緒に暮らした。札幌在住の幕末明治史研究家・好川之範氏は、生前の伯父にインタビューをしたことがあり、録音テープが残されている。

「新八は、池田屋事件のことを話すことはなかったですか」

という質問に、逸郎はこんなふうに答えている。

「七つか八つの孫に、そういう話が出るわけがないんです。池田屋の話はないですよ。自分

の娘にもそんな話はしなかっただろうと思います」と、ちょっと気色ばんで否定している。この証言は実にリアルな一節であり、半世紀が経っても、幕末の人斬り話など家族に自慢できるわけがなく、そんな話は家族のなかでタブーに近かったはずだ。

さらに逸郎は、新八の交遊関係について、「小樽に友人として語るような人はいなかったですね。だけど、当時の消防の組頭だとか、ああいう連中で、新選組に興味があるような人がちょいちょい訪ねて来ましたけれどね。小樽時代、友達はいなかった」とも語っている。

私が『新選組永倉新八外伝』（新人物往来社刊）を書いたときも、新八の小樽時代の動向は意外にも判然とせず、友人らしき存在は、この組頭の大畑五郎治、僧侶の初山祖道の二人だけであった。

新八は家族や友人に対して、新選組の差しさわりのない話は断片的に語ったが、生きているうちに新選組について記憶の限りを語りつくしたい、と考えるようになる。そんな機会を待ち望みながら、老いだけは着実に進み、七十歳を超える。鬱々たる境地だったろうな、と私には思われる。

そして、大正二年（一九一三）三月。

新八は小樽新聞社会部記者の加藤眠柳と吉島力の取材を受けて、その信念を語りつくす連載「永倉新八—昔は近藤勇の友達　今は小樽に楽隠居」が始まった。このとき新八、七十五歳。年齢を考えても最後のチャンスと思われたし、事実、連載を終えた一年半後、その生涯を閉じた。この小樽新聞の連載が『新撰組顚末記』の原典である。

当時、新八の住まいは、小樽区役所（現在の小樽市役所の位置）の南隣、小樽区連合衛生組合事務所の一角にあった（事務所は木造洋風建築で、元新選組隊士には不似合いだけれど）。玄関を入ると廊下があり、両脇が事務所。突き当たりが新八の部屋だった（ちなみに二階は集会室で、新八の葬儀会場になった）。

新八はこの部屋に閉じこもって、新選組の記憶を丹念に掘り起こし、体験を書き綴り、略図などで絵解きして、毎日のように訪れる記者に熱っぽく語りつづけた。それは新八にとって真剣勝負であり、剣を筆に持ち替えた最後の戦いだったと言っていい。

「新八が寝起きした部屋は六畳間くらいなんです。そこに昔の小学生が使うような一閑《いっかん》張りの机を置きましてね、チラシの裏にちびた筆で書いていましたね」と逸郎は語っている。

〝チラシの裏〟〝ちびた筆〟というのも実に新八らしい。

家族に口を閉ざしていた池田屋事件についても語りつくした。

例えば、その戦いは「お胴ッ」「お小手《こて》ッ」「そうはいかぬ」と一声を張り上げながらの斬り合いだったとか、「ことにむざんなのは斬りおとされた腕や足が狼藉として散乱し、毛髪のついたままの鬢《びん》などが切り殺《そ》がれて落ち散っているのであった」という惨状とか、当事者だけが語ることのできるドキュメンタリーだろう。

こんなリアルなシーンが『新撰組顚末記』には満載されており、読みごたえのひとつになっている。

小樽新聞の連載は、昭和二年（一九二七）、新八の十三回忌に一部を改訂して私家本がまとめられ、三百冊が関係者に献本された。さらに新人物往来社版『新撰組顚末記』となり、今回、文庫として甦ったわけである（さぞかし新八は驚いているだろう）。

それにしても、この本は〝なにを誇りに生きているか〟と現代の読者に問いかける。それは当然ながら子孫の私にも向けられているはずである。そう考えると、なかなか答えにくい時代になったと思うが、今こそ必読の一冊であり、七十五歳の執念というかエネルギーに圧倒されることは間違いない。

杉村悦郎（永倉新八曾孫）

おわりに　隊士たちの「顚末」

昭和二年（一九二七）、永倉新八の十三回忌に『新撰組永倉新八』が縁故者のみに配布された。その序文を山川健次郎が寄せている。山川は会津藩家老の家系であり、東京帝国大学総長をつとめた人物である。

「文久、慶応のころ幕府の命により時の京都守護職参議、左近衛権中将松平容保卿に付属し、その股肱《ここう》となって京都の秩序と安寧を保護したのは新選組だった。はじめ芹沢鴨がその隊長の時には規律も厳しくはなく、暴悍の行いもあったが、近藤勇が隊長になり、京都守護職に付属してから隊長の勇をはじめその責任の重きを自覚して、規律を厳粛にし、常に守護職の命令によって行動した適法の警察隊であった。それゆえに当時、有志の徒と称する過激派の浪人らは、新選組の取締を受けて新選組を不倶戴天の仇とした。維新後、此の浪人と同系統の人々が政権を握り、新選組の適法の行為を犯罪となし、その私怨を報いるに至った。近藤勇の犯罪は、甲州勝沼の一戦と関東における戦闘準備のみである。それにもかかわらず、勇を斬に処した後、その首を京都に送って梟し、勇の京都における適法の行為を犯罪と為し、私怨を報いたのはその一例である。彼らは口に筆に新選組をあざけって、私設の暴行団体のようにいい、世人はこれに惑わされ、小説に講談に新選組を暴行集団と信じるに至っている。その冤罪を解く者がいないのは、余の遺憾とするところである。この書は新選組の冤を雪《すす》ぐに幾分の力があると考え、一言して所感を述べ、序に代える」と、新選組擁護論で結んでいるが、敗者の歴史を俯瞰することを望んでいる。

新選組の栄光と挫折のなかをかいくぐり、生き残った隊士がいた。永倉はじめ島田魁・前野五郎・中島登《なかじまのぼり》・斎藤一・尾形俊太郎・市村鉄之助らの晩年は、けっして華々しいものではなかった。

永倉が最も信頼していたのが、島田魁であった。箱館戦争降伏後、青森から名古屋へ送られ明治六年（一八七三）六月、謹慎中に『島田魁日記』『新選組名簿』などの編纂に取り組んだようだ。京都に出て雑貨店を経営するも失敗し、明治九年、京都下京区大宮丹波口に剣術道場を開いたが、門弟は集まらず極貧生活であった。島田の噂を知った榎本武揚が新政府へ仕官する話があるので、宿舎まで来るよう伝えると、島田は会いたかったら出向いて来いと断った。幕臣から新政府役人になった榎本のように、二君に見《まみ》えた人物を軽蔑した。友人に島田は「若くして死んだ、地下に眠っている同志はどうなる」と漏らしたという。明治十九年、かつて新選組が屯所を置いた西本願寺で夜間警備員をつとめ、毎日同志の和歌を詠み、菩提をとむらった。明治三十三年二月二十七日から体調を崩し休職中だったが春の彼岸が近い三月二十日、同寺の境内で倒れた。行年七十三だった。

葬儀は西本願寺で行われ、訃報を聞いた永倉は北海道小樽から長男義太郎を伴い、京都に弔問に来た。その時、箱館新選組四分隊士・山崎林五郎（林新次郎）が参列していた。山崎林五郎は副長助勤・山崎烝の父の名に似ており、烝の兄弟の可能性があるという。葬儀には島田の剣術の門弟、親交のあった者など参会者千名を数えたという。

前野五郎は永倉と靖兵隊に加わって東北各地を転戦し、会津戦争後に薩摩軍に投降した。そこで新選組伍長で高台寺党へ離脱し、薩摩軍に従軍していた加納に出会い、加納の計らいで薩摩軍付属の身分を得た。明治になって北海道に渡り、そこで郷里の同志で北海道開拓に野望を抱く新政府の開拓官・岡本監輔と会う。明治三年、前野は岡本の部下となり、樺太開拓使付属となったが、一年足らずで官職を辞し、札幌のススキノで遊女の貸座敷を経営した。羽振りがよくなると北海道製麻会社の株主となり、函館に土地を多く所有し、所得番付にあがるほどの富豪になっていた。明治二十四年に岡本が民間人の開拓団「千島議会」を設立した際、前野は岡本の志に私財を投じ「千島救済会」を設立した。翌年四月十九日、前野は千島探索の帰途、択捉島で丸太橋から転落してはずみで銃が暴発したため事故死した。だが永倉が伝えるには、前野は千島で殺害されたという。行年四十八であった。墓は札幌市里塚霊園にある。

中島登は箱館戦争降伏後、青森蓮華寺で謹慎中に『中島登覚書』三十三枚と弁天台場で「戦友姿絵」をまとめた。姿絵集には近藤、土方ら二十七人の奮戦を軽妙なタッチで描き、序文には「時世に押し流され虜囚となった鬱屈と、戦死した同志の追慕と慰霊の気持ち」であると綴っている。

赦免後、一時、静岡原野開墾に従事するがそれをやめ、浜松に住む旧知の彰義隊士大島清慎が代書業で成功しているのを知り、大島をたより中島も浜松で質屋を営むが失敗した。中島は家訓三ヵ条「食べ物の事を一切言うな。囲碁・将棋の賭け事は一切やるな。質屋・金貸しは孫子の代までやるな」をつくった。

椎茸や蘭の栽培もしたが失敗した。明治十七年、静岡県大書記官になっていた彦根藩士・石黒務の知遇を得て銃砲火薬販売の免許をもらい、中島銃砲店を経営してようやく成功した。

明治二十年四月二日に病死した。行年五十だった。

斎藤一は負傷した土方にかわり、新選組の指揮をとり会津戦争に参戦したが敗れ、投降した。斗南《となみ》藩士として下北半島で過ごした後、明治五年に藤田五郎と改名し、警視局に入った。その後、斎藤の勤務実績が不明であったが、近年見つかった古文書で、明治八年十二月、警視庁第六方面第二署（江戸川区小松川署）が新たに設置されたなかに、実名の斎藤一の記述があった。署長は永田盛庸で署員一七四名、斎藤の役職は「書記兼戸口取調掛」とあるが、この職制は警視庁になく、まだ警視庁に設置されていない公安のような勤務であったと判明した。したがって、この署での勤務実績は皆無であった。この公文書を所持していた薩摩藩士・真方曹輔と斎藤は、禁門の変のとき、ともに幕府軍に属し戦っていた。会津戦争後、警察創設者の薩摩藩士・川路利良の勧めで真方は警視庁に採用されたが、真方の縁故で斎藤も警視庁入りしたのではないだろうか。この警視庁第六方面第二署で、斎藤と入れ替わりに真方も署員となっていた。

当時、伊藤博文は諜報員（公安）の設置を川路に強く要望していた。そのとき選ばれたのが薩摩の室田景辰、熊本の古閑膽次、斎藤らであったという。斎藤の上司が室田で、明治七年、佐賀の乱に室田は諜報活動のため出張を命じられ、斎藤も同行した可能性がある。西南戦争では警察の別働第三旅団抜刀隊に所属し、被弾して負傷した。

明治十九年二月十日、鹿鳴館での夜会で、外務大臣・井上馨の襲撃情報を得た斎藤は、警視庁剣術世話係の得能関四郎とともにステッキをもって警備していると、暴漢が乱入し、得能は見事にステッキで撃退したという。警視庁退職後は東京高等師範学校附属東京教育博物館の守衛、東京女子高等師範学校の庶務、会計を務めた。大正四年(一九一五)九月二十八日、病死した。行年七十二だった。

尾形俊太郎は、新選組副長助勤・文学師範の肩書を持つ幹部であった。会津戦争後の消息は不明であったが近年、子孫が過去帳や遺品を見つけ霊山歴史館へ一部を寄贈した。それによると、天保十年(一八三九)四月二十六日、父は三嶋源弥、母はオトジュの子として熊本に生まれた。三嶋家は比較的裕福な家であった。

新選組入隊の動機は、清河八郎が熊本に遊説にきたとき、勤王の思想に感化されたことといわれている。本人が書き残した履歴書には「尾形俊太郎、文久三年戊亥六月、京師において徳川征夷将軍家の御命の壬生浪士に召し仕えられ、文芸の教道師並びに組三輩内に相勤め罷り有り、天下の御人数に召し加えられ、有難きしあわせ、当国（熊本）に立ち帰り申さず」とあり、郷里に帰らないつもりでいたが、会津戦争後に、郷里熊本に残した親の事をおもったのだろうか帰郷する決意をしたという。

明治二年五月、林次郎の長女タツと結婚し、明治十二年、父より家督相続して三嶋俊太郎と名乗った。ふたりの間に子は恵まれなかった。山中寅熊を養子に迎え、嶽間村に住み私塾で漢詩文を教え生計をたてた。

尾形が詠んだ歌に「一人来て一人帰るも迷《あわれ》なり、来るも去らぬも憐なり」というものがある。ほかに数枚の漢詩文を書き残したが、新選組時代を語ることはなかった。大正二年六月十三日、病死した。行年七十五だった。


土方戦死の二ヵ月後に、日野の佐藤彦五郎宅にぼろぼろ姿の少年が訪ねてきた。名は市村鉄之助といい、土方の近習だった。このとき届けられたのが、土方の遺髪と辞世、そしてあの有名な写真であった。市村は美濃大垣藩士・市村半右衛門の三男にうまれ、慶応三年（一八六七）六月頃に入隊し、身分は両長召抱人で正式な隊士ではなかった。ちなみに、兄・辰之助は近藤の近習であった。箱館戦争の戦線から離脱し、佐藤家で明治五年まで居候していたが、郷里に帰った翌年十一月十六日に病死した。行年二十だった。

明治六年十月十七日、多摩で営まれた近藤の七回忌法要に一九九人の縁故者が参列した。翌年、新政府は旧幕府兵の追悼祭、墓碑の建立の禁止を解いた。これを機に永倉は板橋に近藤・土方の顕彰碑を建立し、汚名をそそぐ運動に奔走した。明治九年、多摩でも小島鹿之助が中心になって「殉節両雄之碑」建設計画がおこり、日光東照宮宮司になっていた松平容保が揮毫し、明治二十一年に完成した。

「武士の時代」の終わりに一瞬の光芒を放った新選組。時代が変わろうとも、彼らの内には新選組の記憶と誇りが生き続けていたのではないだろうか。

本書は新人物文庫『新撰組顚末記』（二〇〇九年刊行）に解説を加え、再編集したものです。

永倉新八（ながくら・しんぱち）
天保10年（1839）、江戸生まれ。本姓長倉。元は松前藩士。武者修行中に近藤勇に出会い浪士組に参加、新選組結成後は二番隊組長を務めるなど新選組草創期からの中心人物で、池田屋事件、油小路事件などで活躍。戊辰戦争では、甲陽鎮撫隊や靖共隊（靖兵隊）に属して官軍と戦うが、米沢より江戸へ帰還。松前藩への帰藩が許され、藩医の杉村介庵の婿養子となり杉村治備（後に義衛）と名乗る。北海道に渡り、樺戸集治監の剣術師範となる。退職後は東京へ戻り、剣術道場を開くが、小樽へ再度移り住む。数少ない新選組幹部の生き残りとして、板橋に近藤勇、土方歳三の墓を建立した。大正４年（1915）、病没。

解説：木村幸比古（きむら・さちひこ）
1948年生まれ。霊山歴史館副館長。専門は近世思想史。著書に『新選組戦場日記』『新選組と沖田総司』『新選組日記』（以上ＰＨＰ研究所）、『史伝　土方歳三』（学習研究社）、『新選組局長近藤勇』（淡交社）ほか多数。

新《しん》撰《せん》組《ぐみ》顚《てん》末《まつ》記《き》

永倉新八《ながくらしんぱち》　解説 木村幸比古《きむらさちひこ》

2017年11月10日　初版発行
2025年5月20日　11版発行

発行者　山下直久
発　行　株式会社KADOKAWA
〒102-8177　東京都千代田区富士見2-13-3
電話　0570-002-301（ナビダイヤル）

装丁者　緒方修一（ラーフイン・ワークショップ）
ロゴデザイン　good design company
印刷所　株式会社KADOKAWA
製本所　株式会社KADOKAWA

角川新書

ISBN978-4-04-082185-6 C0221